KB135204

생명존중
문학치료 프로그램의
개발과 적용

생명존중의식 강화로 자살위험성과 공격성을 줄이고 삶의 의미를 찾는

생명존중
문학치료 프로그램의
개발과 적용

배정순 지음

본 저서는 저자의 박사학위논문 연구를 토대로 작성되었습니다. KCI 등재지 정서행동장애연구 33권 제4호에 학위논문 중 변인연구와 실험연구 결과의 내용이 수록되었으며, 본 저서에도 연구의 결과부분은 동일 내용이 포함되었습니다. 그 외는 학위논문 중 등재지에 출판되지 못한 내용을 위주로 수정 요약되어 저술되었음을 밝히는 바입니다.

2012년 3월 31일부터 <자살예방 및 생명존중문화 조성을 위한 법률>, 약칭 '자살예방법'이 시행되었다. 벌써 8년이라는 세월이 지났지만, 우리 사회는 여전히 높은 자살률을 보이고 있고 또 자살률의 증가세도 잠시 주춤했을 뿐 꾸준히 지속되고 있어서 사회적 위기감을 안겨주고 있다.

한 사람의 자살은 주변 사람들에게 씻을 수 없는 아픔과 고통을 주는 등 부정적 영향을 미치기 때문에 자살은 개인적 문제를 넘어서 사회적 문제, 공동체의 문제가 되었다. 이러한 사실을 사회적으로 인식한 결과가 바로 자살예방법의 시행으로 나타났을 것이다. 그 이름에서도 알 수 있듯이 자살을 예방하는 데 생명존중의 문화를 조성하는 것이 매우 시급하다는 사회적 합의가 도출된 것이다. 자살예방법 시행으로 자살을 줄이고 예방하기 위한 국가적 차원의 노력과 적극적인 개입이 시작되었고, 자살예방을 위한 노력에 생명존중이라고 하는 요소가 하나의 중심 지표가 되었다고 할 수 있다.

'자살예방법' 제1장 총칙 제1조(목적)를 살펴보면, "이 법은 자살에 대한 국가의 책무와 예방정책에 필요한 사항을 정함으로써 소중한 국민의 생명을 보호하고 생명존중문화를 조성함을 목적으로 한다"라고 밝히고 있다, 자살예방법에서 제시한 자살예방의 핵심은 바로 생명존중의 문화를 조성하는 데 있다는 것이다. 바로 국가적 차원에서 생명존중의 중요성을 인식하고 있음을 시사하는 것이다. 법률의 제정 과정에는 많은 전문가가 참여하고 다양한 자문과 국민의 공청회를 거치며, 또 여러 차례의 수정과 보완 작업이 이루어진다. 그 때문에, 제1조 목적에서 표명한 바와 같이, 생명존중문화의 조성하는 것은 우리 사회가 합의한 자살예방의 가장 핵심적인 목적이자 지향점이라 하겠다.

우리나라는 1997년 외환경제위기(IMF) 시기, 국가적 경제위기 상황에서 경제적 몰락으로 인한 가족 동반 자살, 한강 투신 등 여러 자살 사건이 줄이어 보도되었고 국회의원, 연예인 등 유명인들의 자살 소식도 이어졌다. 2012년 한국의 자살률(인구 10만 명당 자살자 수)은 33.5명으로 OECD 국가 중 1위(OECD Health Data 2012)를 차지하고 있고, OECD 국가 평균에 3배에 육박했다. 2014년 9월 4일, 유엔본부에서 세계보건기구(WHO)가 발표한 보고서에 의하면, WHO 172개 회원국 중 인구 30만 명 이상인 국가의 지난 2000년과 2012년의 자살 사망률을 비교·분석한 결과, 한국은 2000년에는 13.8명이었으나 2012년에는 28.9명으로 자살 사망률이 상당히 급증했다.

보건복지부와 중앙자살예방센터가 발간한 ≪2019 자살예방백서≫에 의하면, 우리나라의 자살률은 2003년부터 2016년까지 무려 14년간 OECD 회원국 가운데 가장 높았다. 2017년 기준 국내 자살 사망자 수는 총 1만 2,463명, 자살률은 24.3명으로, OECD 회원국 중 2위를 차지했다. 2위로 내려간 요인은 자살률이 높은 리투아니아가 새로 OECD에 가입하면서 자살률 1위를 차지했기 때문이다. 국내 자살률은 외환위기 시기 급속하게 증가한 이후 지속적으로 상승했다는 것을 알 수 있다. 그리고 2003년과 글로벌 금융위기 직후인 2009년을 기점으로 급속하게 상승했고, 2011년 31.7명으로 최고치를 기록했다. 다만 2013년부터 5년간 자살률이 연평균 3.7%씩 꾸준히 감소한 것으로 나타났지만, 한국의 자살률은 OECD 국가 평균과 비교하면 두 배에 이르기 때문에 여전히 자살위험국임은 부정할 수 없는 사실이다.

우리나라의 한국자살예방협회는 2003년 설립되어, 그 설립 이념을 '생명존중정신'에 두고 있다. 자살을 예방하는 매우 중요한 요인이 생명존중이라는 것을 표명하고 있는 것이다. 한국자살예방협회는 자살을 예방하기 위해 생명의 의미를 이해하고 삶의 고난을 극복하는 데 도움이 되는 다양한 활동의 필요성을 인식하고, 자살의 공론화를 통해 적극적으로 자살을 해결하기 위한 방안을 모색하고 있다.

이렇듯 높은 자살률의 심각성은 충분히 공감되는 가운데, 자살을 줄이거나 예방하기 위한 활동이 진행되고 있고 새로운 방안을 마련하기 위해 노력하고 있다. 그렇다면 어떠한 접근이 자살 문제를 극복하고 생명존중의 문화를 이룰 수 있을 것인가? 원조를 받는 국가에서 원조하는 국가로 세계의 역사를 새로이 쓰는 대한민국, 세계무역 10위 대국의 위엄을 이룩한 대한민국이 개도국과 중진국을 거쳐 진정한 선진국으로 가는 과도기에서 반드시 풀어야 할 과제라고할 수 있다. 그동안 자살이라는 위기에 처한 사람들을 위한 다양한개입이 이루어졌다. 그럼에도 불구하고 우리나라의 자살률은 잡히지 않고 있다. 자살은 위기 개입이 필수적이었지만, 여전히 자살 문제가 해결되지 않는 것은, 더 이상 위기 개입만으로는 자살 문제를 잡을 수 없다는 방증이기도 하다.

자살 위기에 처한 사람들을 위한 치료적 개입과 더불어 이를 예방할 수 있는 예방적 차원의 대책 마련이 매우 시급하다. 보다 근본적인 원인을 파악하고 새로운 방안을 모색하는 것이 필요하다. 그 대안으로 저자는 그동안 관심을 가져온 새로운 변인으로 생명존중의식에 대한 연구를 시작하게 되었고 이를 자살 문제를 해결할 새로운대안으로 생명존중에 기반한 문학치료 프로그램의 개발과 실행을더욱 절감하게 된 것이다.

우리 사회가 생명존중의 문화를 조성하려면 가장 중요한 것은 무엇일까. 하나의 가치나 현상이 문화로 자리 잡기 위해서는 그 사회의 구성원 모두가 그러한 가치나 지향을 공유하여야 한다. 따라서생명존중문화의 조성을 위해서 각 개인이 생명존중의 가치관을 배우고 실천할 수 있어야 한다. 저자는 15년 가량 생명운동과 웰다잉전문가로 활동하면서 생명과 죽음에 대해 많이 고민해 왔다. 우리의일상에서 생명의 가치가 얼마나 보잘것없이 취급되고 퇴색되어 가는지 절감할 수 있었다. 사회는 갈수록 급변하고 있고 우리들의 소중한 가치들은 빛을 잃어 가고 있다. 4차 산업시대에는 더욱 변화가 가속화될 것이고, 고도의 기계화와 로봇의 등장은 인간 생명의 가치를 훼손하거나 경시하게 될 수 있을 것이다. 인간다움의 보존, 생명 존중의 가치는 더욱 절실하게 될 것이다.

자살위험성이 높은 이들과 그 가족, 살인과 폭력 등을 일으킨 범죄자들, 학교 폭력 가해자들, 사회 갈등과 병리의 현장에서 상담과 심리치료, 교육을 지원하면서 이들에게서 탐색되는 공통적인 요인이 무엇인지 깨닫게 되었다. 이들의 말과 행동, 그리고 성향 등에서 생명존중의식이 결여되어 있다는 것이다. 생명을 존중하는 인식, 생명존중을 지향하는 가치는 인간 존재를 살아가게 하는 중요한 요소이며, 세상의 다양한 가치와 철학, 이데올로기를 넘어서는 매우 본질적이고 중요한 하나의 궁극적 가치이다. 그래서 저자는 이 생명존중의 가치를 보다 학문적으로 정립하고 발전시키기 위한 연구에 집중하게 되었다.

생활고와 실업 문제, 학교 폭력과 우울 등 사회 혹은 개인 병리를 포함한 다양한 이유로 자살이 급증하였고 사회적으로 권력과 부, 명예를 가진 유명인들의 자살도 잇따르면서 자살이라는 문제가 일부 계층이나 혹은 개인에만 국한된 문제가 아닌 사회적 문제로 대두되고 있다.

2000년대 중반을 넘어서면서 세계 10위의 무역 대국(WTO 세계무역 보고서 2009)에 오른 한국은 급속한 경제 성장은 이루었지만,

한편으로는 세계 유례가 없는 높은 자살률을 보여 주고 있다. 이것은 한국 사회가 물질적 성장에도 불구하고 삶의 질적인 측면에서는 여전히 답보 상태에 있음을 말해 주고 있다. 한국은 높은 자살률을 기록한 가운데 우리 사회 도처에서는 행복을 찾고 만들려는 노력이 이어지고 있다. 우리 사회가 진정한 선진국으로 진입하기 위해서는 바로 국민 개개인의 삶의 질적인 향상과 더불어 행복 증진을 위해 노력해야 할 것이다. 만약 결핍된 무엇인가를 끊임없이 추구하는 것이 인간의 본능이라면, 지금 이 시대를 살아가는 우리들이 행복이라고 하는 가치를 끊임없이 갈구하고 있는 것은 바로 행복의 결핍, 행복의 부재 때문일 것이다.

2012년 12월에 발표되었던 갤럽의 여론조사 결과를 살펴보면, 148개국의 15세 이상 1,000명을 대상으로 일상생활에서 느끼는 행복감을 평가한 결과, 한국은 하위권인 97위를 기록했다. 2012년 6월, 영국 민간 싱크탱크 신경제재단(NEF)이 전 세계 151개국을 대상으로 삶의 만족도와 기대수명, 환경오염 지표 등을 평가해 국가별 행복지수(Happy Planet Index-HPI)를 산출한 결과에서 한국은 63위를 기록했다. 또 2012년 OECD가 조사 발표한 국가별 행복지수 조사에서도 한국은 OECD 36개국 중 24위를 기록해 하위권을 차지하였다. 한국보건사회연구원에서 발표한 2019년 한국인의 행복과 삶의 질 실태조사를 살펴보면, 삶의 만족도와 삶의 평가, 행복감, 삶의 가치 모두가 10점 만점에서 7점이하를 차지했으며, 연령대별 행복과 삶의 질에서도 2017년 자료보다는 다소 높아졌지만 한국은 아직도 개인의 삶의 질이나 행복감의 수준은 상대적으로 낮다는 것을 알 수 있었다. 이러한 지표를 통해 우리나라 국민의 상당수가 행복하지 않다는 것을 짐작할 수 있다. 국민의 정서적, 심리적 건강에 여러 가지 문제가 발생하고 있거나 불안한 요소들이 가중되고 있다는 것을 알 수 있다.

자살을 다루는 연구에 있어서 유사한 요인 연구가 반복되고 있고 자살을 예방하기 위한 다양한 활동에도 불구하고 자살률이 줄지 않고 있는 현실을 감안한다면, 자살과 관련해서 기존에 다루지 않은 새로운 요인을 다루어 보는 것은 매우 의미 있는 연구가 될 수 있다. 자살은 자신의 삶을 포기하는 것이며 생명을 버리는 것이라는 관점에서, 그 개인의 생명에 대한 신념이나 인식 정도가 자살에 어떻게 영향을 미치는지에 대한 연구가 매우 절실함을 알 수 있다. 하지만 이러한 새로운 요인을 다루는 연구는 많지 않았다.

이에 저자는 선행 연구에서 자살의 주요 요인으로는 주목하지 못했지만 '자살예방법'의 시행에서 주된 목적으로 표명한 '생명존중'이라는 요인에 집중하여, 새로운 자살 관련 요인으로서 생명존중의식의 가치와 내용을 연구하고 생명존중의식이 자살이나 공격성, 삶의 의미에 미치는 영향을 연구 분석하였다. 또 이러한 연구를 바탕으로 생명존중의식을 강화하여 자살을 예방하기 위한 활동을 문학치료와 접목하여 생명존중에 기반한 문학치료 프로그램을 개발하고 적용하여 효과를 검증하였다.

2009년부터 2020년 현재까지 저자는 생명존중의 연구와 교육, 상담과 심리치료, 공익 활동에 매진해 왔고, 몇 편의 연구와 저술, 활동들이 그 결과물로 도출되었다. 이에 저자는 그동안의 결과를 추수하고 소중한 가치를 우리 사회에 확산하고자 박사학위 논문을 토대로 한 권의 책을 엮고자 한다. 이 책을 통해 우리 사회가 생명존중의식을 강화하는 기회를 만들고, 이를 통해 국민의 정신건강을 지키고, 공동체에 생명존중의 문화를 확산한다면, 자살뿐만 아니라 폭력과 갈등, 범죄, 낙태 등 다양한 사회병리를 예방하는데 조금이라도 기여할 수 있을 것이라 기대해 본다.

목 차

01

생명존중의식이란?

생명이란 사람이 살아서 숨 쉬고 활동할 수 있게 하는 힘, 여자의 자궁 속에 자리 잡아 앞으로 사람으로 태어날 존재, 동물과 식물의, 생물로서 살아 있게 하는 힘, 사물이 유지되는 일정한 기간, 사물이 존재할 수 있는 가장 중요한 요건을 비유적으로 이르는 말이다(국립국어원 표준국어대사전). 생명은 사람과 동·식물 전체를 아우르는 개념으로 이들의 살아 있는 힘, 존재하는 결정체, 존재하는 가장 중요한 현상을 말한다.

우리나라는 예로부터 생명존중사상의 다양한 뿌리를 가지고 있다. 생명존중사상은 단군 건국 이야기의 홍익인간(弘益人間) 사상, 보우 (普雨)의 사상, 그리고 동학(東學)사상 등에서 잘 나타나 있다. 인간과 자연을 구별하지 않고 서로 조화로운 삶을 지향하고, 인간의 생존을 유지하기 위한 최소한의 살생을 하는 살생유택(殺生有擇)의 정신, 하늘의 은혜를 모든 이가 고루 누리도록 한다는 홍익인간의 정신은 모두가 살아 있는 생명에 대한 보호와 존중의 정신인 것이다.

이렇듯 우리나라 전통적인 사상에서 생명존중사상은 사전적 의미를 넘어서는 매우 포괄적인 의미로 인간에 대한 근본적인 존중과 생명체에 대한 차별 없는 존중을 지향한다. 대표적으로 홍익인간은 우리 교육의 목표이기도 한 이념으로 서로를 존중하고 도와야 함을 의미하며, 생명의 존엄함이나 존중의식을 함축하고 있다. 동학에서의 생명존중의 의미를 살펴보면, 인간은 초월적이고 초자연적인 객관화된 존재의 대상인 '한울'님이라는 존엄한 존재로, 사람이 곧 한울이니 사람을 대할 때 한울을 대하듯이 공경하라고 하였다. 한울과 인간, 자연의 관계는 서로 조화와 상생을 추구하는 수평의 관계로 보고 있다. 우주 만물에 한울의 생명이 깃들어 있으니 당연히 공경하는 것이 사람의 이치라 하였다. 이처럼 동학의 생명존중사상 역시도 사람과 자연, 우주 만물에 대한 존엄함을 알고 생명에 대한 공경을 실천하는 의미를 담고 있다.

생명이란 내 동력, 내부로부터 행동하는 존재의 본질을 의미한다. 위로는 신의 생명에서부터 피조물 세계의 모든 생명에 이르기까지 넓은 범위로 적용된다. 구약성서에서는 생명을 'hayya' 즉 살아 계신 하느님의 '존재'를 의미하며, 그 섭리의 성취를 위한 끊임없는 활동성, 곧 생명의 현상으로서 상징되고 있다(가톨릭 대사전). 특히 가톨

릭에서는 개인을 넘어 공동체를 매우 중요하게 생각하며, 나와 공동체를 서로 연결하여 타인에 대한 배려와 존중을 실천함을 중요하게 생각하고 있다. 개인과 집단의 영속과 평화를 기원하는 것은 깊은 곳에서부터 우러나오는 생명에 대한 찬양과 존중 등 궁극적인 삶의 의지와 역동을 보여주는 것이며, 근본적으로 생명에 대한 존중을 실천하는 것을 큰 덕목으로 가르치고 있다.

중용의 생명 사상은 모든 만물의 생명체가 가지고 있는 최고의 욕구를 바로 생명이라는 삶의 욕구라고 보고, 이러한 생명에 대한 의지를 존중하라고 가르치고 있다. 자신뿐만 아니라 타자를 포함하여 우리를 둘러싼 자연의 모든 만물을 아끼고 사랑하는 것이 생명의식인 것이다. 이러한 포괄적인 생명관은 자신은 물론이고 타인과 자연까지 모두 소중한 생명체로 인식하고 존중하는 포괄적 생명존중의식인 것이다.

불교적 관점에서 살펴보면, 생명은 삶의 과정이며 매우 포괄적이다. 모든 생명체는 평등하며 상호 관계를 가지고 있다고 한다. 그 바탕에는 연기(緣起)법이 자리하고 있다. 삶과 죽음, 그리고 윤회를 통해 모든 생명은 지속적인 굴레를 반복하는 하나의 연결고리를 가지기에 개별적이지 않고 서로 연결되어 있으며, 서로가 서로에게 영향을 미치는 관계성이 매우 중요하다. 인간을 중생이라고 하는데, 실제는 인간뿐만 아니라 모든 생명체를 중생이라고 한다. 불교에서의 생명의 의미는 인간을 포함한 모든 생명체를 의미하며, 그 생명체들은 모두 평등한 존재이다. 특히 생명체의 의식, 즉 정신적인 측면 모두를 중요하게 인식한다. 생명을 물적 대상을 넘어서 정신적이고 초월적인 인식의 대상으로 보고 있다. 모든 개체, 모든 생명을 초월적이라 여기며 내재적 실체와 그 관계성을 정립하고 이를 인과론적으로 설명하고 있다.

불교에서는 카르마(Karma), 즉 업(業)을 중요하게 생각한다. 업이란 행한 바를 의미하며, 이는 다시 생명체로 환생, 즉 윤회할 때 중요하게 작용하고, 또 삶의 시간 속에서도 많은 영향을 미치는 요소로, 나와 타자, 존재와 관계의 인과관계를 설명하고 있다. 생명을 각각의 개별 생명체로서 인식하는 것이 아니라 총체적이고 통시적이며 상호 연기적인 것으로 인식하기에, 자신을 사랑하는 것이 곧 타자를 사랑하는 것이며 나와 타자가 다르지 않게 된다. 불교에서 생명체는 서로가 분리될 수 없으며 모두가 하나인 것이다. 색즉시공, 공즉시색(色卽是空, 空卽是色), 이는 "색이 공과 다르지 않고 공이 색과 다르지 않으며, 색이 곧 공이요 공이 곧 색이다."라는 의미인데, 실체가 있음과 없음조차도 구분하지 않는, 대립과 차별을 넘어서는 통시적 의미에서도 알 수 있듯이 모든 정신과 생명체, 또 그 의식은 연결이라는 고리를 통해 총체적 의미라고 보는 것이다. 그렇기 때문에 매우 높은 차원의 관계성을 지향하는 궁극적인 생명존중의식이다. 나와 타인이 서로 다르지 아니하고 하나라는 개념은 모든 생명체가 서로 존중하고 사랑하지 않으면 안 되는 절대적이며 당연한 가치를 표명하는 것이다. 따라서 불교적 생명 사상은 생명을 궁극의 절대적 가치로 여기는, 생명에 대한 근원적인 존중이라 할 수 있다.

이렇듯 불교에서 생명이란 매우 포괄적인 개념으로서, 모두가 서로 조화롭게 연결되어 살아가야 하는 소중한 존재임을 가르치고 있다. 서로의 관계에서 업(業)이 생기고 이것이 하나의 인연을 만들며, 그 인연이 다시 삶 속에서 영속되면서 이어지는 것이다. 모든 인연은 그래서 더욱 소중하고, 생명체 모두를 섬기고 아끼며 최선을 다해 존중해야 한다. 간화선의 참선 화두는 '나는 누구인가?' 하는 것이다. 자기 생명의 근원을 깨닫고 고집과 집착을 버리고 타인으로 향하는 자비의 마음을 여는 것이며, 그것을 몸으로 실천해야 한다. 이렇듯 본원적인 불교적 생명관은 인간 사회에서 벌어지는 많은 관계적 갈등과 폭력, 인간성 상실, 생명경시 풍조 등의 문제를 극복할 수 있는 생명존중의 사상이다.

전통적인 무속의 세계관에서도 인간의 삶에 많은 가치를 두고 있다. 천수를 다하는 것, 즉 생명체가 주어진 명을 다하고 자연스럽게 죽는 것을 이상적으로 생각했다. 굿을 하는 행위는 생명의 안녕, 무탈을 기원하는 것이 대부분이다. 전통적으로 일반 대중이 삶 속에서 숭상했던 무속신앙에서도 무탈하게 살아감, 즉 생명의 안녕을 바라는 강한 삶의 의지를 엿볼 수 있다. 다양한 종교와 전통사상에서 살펴보았듯이 생명존중의 사상은 자신뿐만 아니라 타인, 또 우주 만물의 생명체를 존중하고 조화로운 공존과 영속을 지향하고 있다.

생명은 단순히 물질이 아니며 물질을 떠나있는 것도 아니다. 생명은 개념을 정의하기가 매우 어려운 신비로운 것이다. 사람들은 생명은 성스럽다고 말한다. 우리는 생명을 지키고 존중할 사명을 가지고 있다. 왜 생명을 존중해야 하는지 묻는다면, 생명이 가치가 있는 것은 자명한 것이라고 답할 수밖에 없다. 자연과학적인 생명의 정의는 생명의 외적, 물리적 사태에만 주목하고 내면적인 차원을 소홀히 다루었다. 자연과학적인 생명관은 생명의 영적인 측면을 철저히 무시해 버렸다. 이러한 생명관은 생명을 온전히 해명할 수 없을뿐더러, 우리가 직관적이고 상식적으로 이해하고 있는 생명의 개념보다도 생명을 이해하는 데 도움을 주지 못한다. 생명에는 인식의 대상이 될 수 있는 측면과 그렇지 못한 두 가지 측면이 존재하며, 생명이 밖으로 드러나는 현상은 설명될 수 없으며 다만 이해될 수 있을 뿐이다(진교훈, 2001). 생명은 쉽게 설명될 수 없는 신비로운 것이며 이미 그 자체로도 존중받아야 하는 것이다. 따라서 자신에 대한 존중이나 소중함뿐만 아니라 타인과 포괄적인 생명체에 대한 존중을 인간의 의무라고 규정할 만큼, 누구나 생명존중의 개념을 이해하고 실천해야 함을 알 수 있다.

하이데거에 의하면, "출생과 죽음의 중간은 일상성이다." 이런 의미에서 살펴보면, 일상성은 바로 삶의 과정이라고 할 수 있다. 쇼펜하우어는 죽음이란 생명력을 잃은 현상이며 우주(세계)의 원천은 살려는 의지(삶에의 의지)라고 했다. 생명의 의지는 마구 꿈틀거리는 맹목적 의지이므로 혼돈(chaos) 그 자체이다. 삶의 원천이 혼돈이기에 삶은 고통스러울 수밖에 없다는 것이다. 따라서 쇼펜하우어는 살려는 의지를 부정하고 깨달음을 이루어 열반(Nirvana)의 자유와 해방을 얻을 수 있다고 생각했다. 칸트는 인간이 자신의 인식 능력에 의해 구성된 현상 세계 안에서 살아가고 있다고 하였다. 현상이란 개념에 의해 구성된 세계로, 우리가 자연이라고 부르는 객관 세계도 우리의 인식 대상이 되는 순간 문화적인 것으로 변화한다고 보았다. 문화(culture)는 콜로레(colore)라는 라틴어 동사를 기원으로 하며 이는 '경작하다'라는 뜻을 가진다. 콜로레는 '시간이 지남에 따라 인간을 인간답게 가꾸다'라는 뜻을 가지면서 명사형 '문화'가 정립되었다고 한다(강영계, 2012).

생명이 사라진 개념, 즉 죽음이란 삶의 과정, 그리고 살려는 의지가 사라진 것으로 이해된다. 인간을 인간답게 가꾸는 것이 문화이고 문화는 인식에 의해 만들어지는 것이란 의미에서 보면, 우리가 삶과 죽음을 어떻게 인식하느냐에 의해 만들어지는 삶과 죽음의 문화가 바로 인간을 인간답게 만들어 줄 중요한 문화임을 알 수 있으며, 우리가 삶과 죽음의 문화를 어떻게 만들어 가야 하는지 그 방향성을 제시해 준다. 각 개인이 생명에 대해 올바르게 인식하고 그 인식이 사회 구성원, 공동체로 확산되어 이를 모두가 함께 공유할 때, 하나의 문화, 즉 생명의 문화를 도출하게 되는 것이다.

한국인들은 일상생활을 일컫는 '살림살이'라는 표현을 쓴다. 살림살이를 책임지는 사람을 '살림지기'라고 표현하는 것에서 관리인 정신이 담겨 있음도 알 수 있다. 우리말의 '살림살이'에는 '살리는', '죽지 않도록 감싸 주고 보살피는'의 의미가 담겨 있는 것이다. 우리 선조들의 삶의 방식에서도 생(生)에 대한 삶의 철학이 배여 있음을 알 수 있다(이기상, 2009). 선조들이 사용했고 우리가 일상에서 무심결에 사용하는 언어에서도 이렇듯 삶의 과정과 생명에 대한 소중함이 담겨 있다. 언어는 우리의 문화를 담아내는 것이니만큼, 사용되는 언어 속에서 그 사회의 가치와 문화를 엿볼 수 있다.

자살과 낙태, 폭력과 범죄 등 만연한 생명경시 풍조, 생명존중의 상실 등 현대 사회는 죽음의 문화가 만연해 있다. 이제는 이러한 병리를 없애고 좀 더 조화롭고 평화로운 삶을 영위하기 위해 생명에 대한 긍정, 바로 생명의 문화를 만들어야 한다. 우리가 생명의 문화로 나아가는 것이야말로 삶에 대한 긍정이며, 사회가 안고 있는 심각한 문제를 극복하는 시발점이 될 것이다. 어쩌면 자살과 갈등, 병리와 범죄는 우리들의 삶 속에 생명성이 결여된 이유일 것이다. 생명성, 생명의 가치를 불어넣고 배우고 경험하는 것이 바로 죽음의 문화를 극복하는 생명의 문화의 시작일 수 있을 것이다.

삶과 죽음은 별개의 것이 아니며, 삶은 생명의 과정이고 죽음은 생명의 마지막 과정이요, 삶의 마지막 단계인 것이다. 생명은 태어나면서부터 끊임없이 죽음을 향해 달려가고 있다. 생명은 시작과 끝이 있을 뿐, 삶과 죽음은 서로 분리하거나 둘이 될 수 없다. 이것은 우리가 죽음을 삶과 동떨어진 것으로 생각하는 어리석음을 버리고 죽음을 삶의 한 부분으로 받아들여야 한다는 의미이며, 삶의 이해 속에 죽음의 이해 역시 포함되어야 함을 가르쳐 준다. 생명존중의 이념은 삶과 죽음에 대한 성숙한 인식을 가능하게 하여 자살과 폭력, 다양한 사회병리를 극복할 수 있는 중요한 신념인 것이다. 국가나 사회의 생명존중의식의 수준을 전반적으로 향상한다면 자연스럽게 생명존중의 문화가 자리 잡게 될 것이다.

우리는 1, 2차 세계 대전과 유대인 대학살, 일본군의 만행 등으로 많은 생명을 잃어버렸다. 이에 20세기 중반 생명윤리학의 대두와 더불어 인간 생명의 존엄성과 고귀함이 인간 이해의 핵심을 차지하게 되었고, 인명 살상에 대한 반성이 일어났다. 현대에 들어와서는 정부를 비롯하여 종합병원들에 생명윤리위원회가 설치되었고, 안락사 문제를 논의하는 상황에까지 접어들었다(강영계, 2012).

생명윤리라는 말은 1970년 미국의 종양학자 포터가 처음 사용한 것으로 생물학 지식과 인간의 가치체계에 관한 지식을 결합하는 새 학문 분야로 정의되었다. 한편 라익은 생명윤리를 '의학 및 생명과학의 윤리적 차원에 관한 연구'라고 정의하였는데, 이미 오래전 생명과 생명윤리에 관한 연구와 논의가 이루어진 미국에서도 생명과 생명윤리적 차원의 논쟁이 끊이지 않고 있다(박찬구, 2002). 이 논문이 나오고 많은 세월이 흐른 지금도 우리나라에서는 생명존중과 생명윤리적 차원의 논쟁이 일어나고 있고, 자살과 낙태, 안락사와 줄기세포 연구 등 생명윤리의 문제가 끊이지 않고 있다. 생명윤리적 문제들은 여전히 많은 문제를 도출한 채 완전한 사회적 합의에 도달하지 못하고 있으며, 생명에 대한 문제는 여전히 풀어야 할 숙제로 안고 있다.

우리 사회의 생명 문제는 더욱 다양한 양상으로 나타나고 있다. 2019년 헌법재판소는 낙태죄에 대한 헌법불합치를 판결하면서 낙태 허용에 대한 개정법이 진행되고 있다. 후기 임신에서도 낙태를 허용하는 낙태죄 전면 폐지 주장도 적지 않은 것이 사실이다. 인간 생명의 시작인 태아를 어느 시기부터 생명으로 인정할 것이지 여부는 여전히 우리 사회의 낙태 논란을 가중하고 있고, 법도 사회도 문화도 개인들의 인식도 생명에 대한 온전한 합의에 도달하지 못한 채 갈등의 양상은 극단으로 치달으며 수많은 희생과 갈등이 지속되고 있다.

2004년 보건복지부에서는 인공임신 중절수술에 대한 통계조사를 실시하여 2005년 발표하였다. 그 결과를 살펴보면, 우리나라는 한 해 출생아 438,062명, 낙태아 수는 342,434건으로 조사되어 실제 임신 대비 낙태건 수가 거의 80%에 육박하는 놀라운 수치를 나타냈다. 34만여 건이라고 하면 얼추잡아도 하루 1천여 명의 태아가 낙태되는 셈이니, 낙태 또한 자살과 더불어 단순히 개인적 문제로 치부할 수 없는 사회적 문제가 아닐 수 없다. 이후 2010년 보건복지부는 새롭게 낙태 통계를 발표했는데, 이전보다 상당히 줄어들었지만 수치상으로 여전히 하루 500여 건의 낙태가 이루어지고 있다. 이것은 자살 문제와 더불어 우리나라 생명존중문화의 낙후된 현실을 보여주는 증거라 할 수 있다.

한편, 1970년대에 낙태법 개정이 이루어진 주요 선진국 중 미국의 경우를 살펴보면, 1973년 로앤 웨이드 판결을 통해 낙태의 법적 허용이 시작되었고, 초·중기의 임신도 낙태를 허용하였던 기조와는 달리 2019년과 2020년에 걸쳐 태아의 심장 박동이 감지되면 낙태를 금지하는 HeartbeatBill이 몇몇 주별로 통과되고 있으며 더 많은 주에서 논의를 진행하고 있다. 최근 보도에 의하면, 2019년 미국은 낙태를 반대하는 인구가 찬성하는 인구보다 더 많아진 것으로 보도하고 있다. 주요 선진국보다 낙태의 법적 허용 논의를 비교적 늦게 시작한 한국이지만, 선진국이 수십 년간 걸어온 낙태의 비극적 역사를 굳이 반복할 이유는 없을 것이다. 한국적 상황과 현대의 과학적, 객관적 사실을 토대로 생명존중의 가치를 구현할 수 있는 올바른 개정법이 나와야 할 것이다. 낙태 논쟁에서도 핵심적인 것은 결국 생명의 문제이다. 우리 사회가 생명에 대한 개념과 가치를 시급히 정립하고 합의해야 하는 이유도 여기에 있다.

생명존중의식의 함양은 자살예방뿐만 아니라 낙태를 예방하고 줄이는 데에도 의미 있게 작용할 것으로 판단된다. 그 외 안락사와 존엄사, 배아줄기세포 연구 등 여러 가지 다양한 생명윤리 문제가 많은 논쟁을 일으키고 있는 만큼 생명에 대한 보다 깊고 다양한 연구가 필요하다고 판단되며, 생명과 생명존중, 생명윤리에 대한 개념 정의와 교육, 그리고 사회적 합의 도출이 필요하다.

최근에는 무의미한 연명치료의 중단, 호스피스 병동 확대, 자살과 폭력 문제 등 포괄적인 차원에서 생명의 가치를 판단하고 선택하는 기준으로 생명윤리에 대한 필요성이 대두되고 있다. 생명윤리는 여러 가지 사회적 문제를 판단하고 대책을 마련하며 시행하는 근간이 되지만, 생명윤리의 뿌리는 결국 생명존중의 실천이기 때문에 생명존중에 대한 개인적 의식 함양과 생명존중의식의 사회적 확대가 시급하다고 할 것이다.

생명존중의식은 자신은 물론이고 타인, 그리고 동·식물을 포괄하여 모든 생명체를 소중하게 여기는 것이다. 생명존중을 실천하는 것은 자신을 학대하거나 자살에 이르도록 하는 일, 타인에게 폭력을 가하고 상처를 주는 일을 하지 않는다는 의미이다. 그러므로 생명존중사상은 자살과 폭력 등 생명이 가치를 잃고 발생하는 많은 문제를 극복할 수 있는 중요한 인식과 가치관이다.

02

생명존중의식과 자살위험성

2012년 4월, 2011년 1월부터 4월까지 4명의 카이스트(KAIST) 재학생이 잇달아 목숨을 끊은 이후 꼭 1년 만에, 다시 카이스트 학생이 자살했다는 보도(경향신문 2012. 4. 17)가 이어지면서 사회적으로 큰 파장을 일으켰다. 1997년 IMF 이후, 우리나라는 자살이라는 문제가 개인적 문제가 아닌 사회적 문제로 대두될 만큼 자살률이 급증하고 있다. 자살자 역시 초·중·고·대학생, 일반인, 노년층을 가리지 않고 있다.

최근 몇 해 동안, 대구 지역의 학생 자살 사례가 연이어 보도되었다. 2011월 12월부터 2012년 6월까지 모두 10명의 10대 청소년이 자살을 기도했고, 그중 8명이 숨졌다. 대구 지역 청소년 자살 발생률은 2009년 9명, 2010년 8명, 지난해 9명 등 매년 8~9명 수준이었고, 6개월 사이에 자살 사건과 관련된 학생이 10명에 이르는 것은 이례적이라는 보도가 있었다(서울신문 2012. 6. 5). 이는 청소년 자살이 얼마나 심각한지를 단적으로 보여 주는 것으로, 대구시 교육청은 학생들의 행복 증진을 위한 다양한 활동과 학부모 교육, 학생들에 대한 생명존중교육을 실시하고 있다.

EBS교육방송의 ≪10대 자살에 관한 보고서≫(2013)를 살펴보면, 자살자 중 약 20%가량이 유서를 남기고 있다. 유서의 내용을 살펴보면 자살자의 대부분은 자신이 가족이나 친구 타인에게 짐이라고 생각하면서 자기 존재감이 극도로 떨어진 것으로 분석되었다. 삶의 의지는 인간의 본능이지만, 자살자들은 삶의 의지와 죽음의 의지가 서로 갈등하다 결국 죽음의 의지가 더 강하여 자살을 시도하게 된다는 것이다. 자신이 소중한 생명의 주체이고, 존재 그 자체로도 가치 있고 존엄하다는 사실을 인식하지 못한 채 극단적 선택에 이른다는 것이다. 이들은 자살을 시도함에 있어서 생명의 존귀함이나 죽음에 대한 충분한 이해가 없었으며, 죽음을 하나의 해결책으로 받아들인 것으로 조사되었다.

자살 시도 후 살아남은 청소년들의 증언을 통해 그들이 자살을 더는 시도하지 않고 삶을 새롭고 긍정적으로 살아가는 이유를 찾아보면, 이전에 죽음이 마치 모든 문제를 해결해 준다고 생각했던 것이 착각이었음을 알게 되었다고 한다. 죽음이, 그동안 자신이 고통스럽게 생각한 삶의 어려움보다 훨씬 더 고통스럽다는 것을 깨달았기 때문이다. 그들에게 주어진 상황이 크게 달라지지는 않았지만, 새로이 눈뜬 삶의 가치와 변화된 자신의 가치관, 신념이 더는 자살을 시도하지 않게 만든다고 이야기하고 있다. 다시 말해 자살을 예방하기 위해 자신의 생명에 대한 올바른 이해와 생명에 대한 존중이나 소중함을 깨닫게 해주는 것이 중요함을 알 수 있다.

자살을 시도하거나 자살한 많은 청소년은 어떤 인성 특성을 공유하는데, 좋지 않은 자아 개념을 가지고 있고 부적절한 대처 기술, 극도의 죄책감이나 지나치게 강한 책임감을 가지고 있다는 점이다(김춘경, 이수연, 최웅용 2006). 자아 개념이 좋지 않다는 것은 결국 자신에 대한 존중감이나 신뢰가 낮은 상태라는 의미이다. 이런 상태에서 극도의 죄책감이나 지나치게 강한 책임감 등은 결국 스스로를 더욱더 극한 상황이나 극도의 스트레스 상황으로 몰고 가기 쉽다. 또 자신의 생각이나 판단보다는 오히려 타인에 의한 평가에 더 많은 영향을 받게 된다. 어떤 일이 벌어졌을 때 합리적인 판단이나 자신의 입장에서 생각하기보다는 무조건 자기가 잘못한 것이라 생각하게 되고, 자신이 모든 걸 감수해야 할 수밖에 없다는 생각, 혹은 모든 것이 자신 때문에 생긴 일이라 생각하게 되기에 감정적으로 더 많은 어려움을 겪는 것이다. 자신에 대한 존중과 신뢰는 생명존중의 가치이다. 따라서 부정적 자아 개념을 가지고 있다면 생명존중의 가치관이 낮거나 결여될 가능성이 높아 자살위험성이 높아지므로, 생명존중의 가치를 함양하여 자아 개념을 긍정적으로 바꾸는 것이 자살예방에 도움이 될 수 있을 것이다.

청소년들이 남긴 유서(EBS교육방송, 2013)에서 나타나듯이, 자살 청소년은 모든 일에 있어서 자신이 잘못했다거나 죄인이라는 생각, 모든 사람이 자신을 싫어하거나 짐처럼 느낄 것이라는 생각, 자신은 아무런 가치가 없다는 부정적 생각에 이르게 되어 삶의 의욕을 상실하고 자살에 이르게 된다. 자살을 막기 위해서는 스스로에 대한 존엄함과 가치를 발견하게 해주어야 하며, 삶에서 고통을 어떻게 받아들이고 극복할 것인지 가르쳐 주어야 하는 것이다. 사람은 이미 태어나면서 외부적 환경에 의한 차이가 존재할 수밖에 없다. 모든 사람이 동일한 기준이나 잣대로 평가되거나 판단될 수 없다. 스스로 자신의 가치를 발견하고 키우면서 새로운 삶의 의미를 찾도록 도와주어야 한다. 자살예방을 위한 활동에서도 이런 부분에 주목해야 한다. 인간이 하나의 소중한 생명체이자 존중받아야 할 인격체라는 신념인 생명존중의식을 함양해 주어야 한다.

자살자들의 유서를 보면, 그들은 상당한 심리적인 고통을 느끼고 삶도 매우 폐쇄적이다. 또한 상당히 편협한 사고방식을 가지고 있어서 인지적 왜곡 현상이 크다. 하지만 죽음의 계기인 고통은 자살 실행이 아닌 현재 삶을 초월하여 새로운 삶의 의지로 승화될 수 있음도 밝혔다. 죽음이라는 사건은 오히려 꺼져 가는 생명을 다시 일깨우고, 의식을 회복하고, 새로운 의미를 찾아가는 죽음준비교육을 성립시킨다(노상우, 2010). 왜냐하면 죽음준비교육은 청소년들로 하여금 삶의 긍정적인 측면뿐만 아니라 부정적인 면까지 경험하게 함으로써 자기 성장을 촉진할 수 있도록 돕는 것이기 때문이다. 죽음준비교육은 죽음을 통해 삶의 유한성을 깨닫게 함으로써 주어진 삶을 더 가치 있고 의미 있게 살 수 있도록 하기 때문이다. 학생들이 일상 속에서 정기적이고 충분한 시간을 확보하여 죽음준비교육, 삶의 가치관 교육과 같은 프로그램을 경험함으로써 자아 성찰과 성장을 이끌어 줄 필요가 있다. 생명존중의 가치관을 체화하는 것은 체계적인 과정을 꾸준하고 지속적으로 경험함으로써 가능하기 때문이다.

상당수의 자살자가 삶이 고통스럽고 그것을 스스로 극복할 수 없다고 판단될 때, 그 고통에서 벗어나고자 자살을 선택한다. 하지만 인간의 삶 속에서 고통을 없애버린다는 것은 불가능하다. 그렇기에 자살예방은 고통을 없애는 것이 아니라 삶과 죽음에 대한 올바른 인식과 생명존중의 의식을 통해 자신에게 주어진 고통을 극복할 수 있도록 하는 것이 중요하다. 이것은 죽음준비교육이나 생명존중 활동의 기본 과정에서 주로 다루어지는 것이기도 하다. 생명에 대한 긍정, 생명존중의식의 함양, 생명존중에 대한 올바른 경험과 실천, 생명존중의식의 강화는 자살을 예방하는 방안이다.

생명의 의미를 생각해 볼 때 생명의 마지막 단계인 죽음을 이야기하지 않을 수 없다. 죽음은 삶의 가장 마지막 단계이기 때문에 삶의 중요한 한 부분이다. 하지만 현세를 살아가는 사람들은 죽음을 삶과 별개의 것으로 생각하거나, 나와는 상관없는 일인 듯 죽음에 대해 생각하지 않는다. 우리 사회 생명존중의식의 결여는 바로 죽음을 이야기하지 않는, 죽음에 대한 몰이해로 이어져 우리나라의 죽음문화 역시 상당히 후진적 상태에 머물러 있게 하였다.

죽음은 사회로부터 숨겨지고 은폐된 것이기 때문에 '죽었다'라는 표현을 직접적으로 하지 않고 은유적으로 표현하는 것이 일반적이다. 예를 들어 '생이별하다', '사별하다', '여의다', '영결하다', '세상을 버리다', '세상을 하직하다', '별세하다', '타계하다', '유명을 달리하다', '숨지다' 등으로 표현한다. 죽음에 대한 인식이 중요한 이유는 죽음을 어떻게 인식하는가에 따라 죽음에 대처하는 방식이 달라질 수 있고 삶의 가치관이 달라질 수 있기 때문이다. 한국인의 전통적인 사고에서는 인간의 존재를 육신과 영혼의 결합으로 본다. 육신은 일정한 공간을 차지하고 있어 눈으로 볼 수 있으나 언젠가는 죽어 없어지는 유한한 존재인 반면, 영혼은 공간과 시간성을 갖지 않아 눈으로는 볼 수가 없으니 언제까지나 죽어 없어지지 않는 영원한 존재라는 것이다(김상우, 2005).

삶과 죽음은 별개의 것이 아니다. 전통적으로도 생명에 대한 의지가 강하고 무병장수를 기원하였음에도 불구하고 여전히 죽음을 직면하려고 하기보다는 오히려 터부시하고 있다. 여성이나 아이들은 장례식에 참석하는 것을 꺼리거나 직계가족이 아닌 경우에는 임종의 장면이나 입관 등의 장소에 참여를 꺼리기도 한다. 이것은 죽음을 삶의 한 과정으로 자연스럽게 받아들이고 있지 않다는 의미이기도 하다. 죽음이 우리 사회에서 터부시되고 있는 상황에서 자살이라는 비극적 죽음은 더욱더 은폐될 수밖에 없었을 것이다. 죽음이 터부시되는 동안 우리나라의 자살자는 급속히 늘어나 사회적으로 심각한 문제를 만들었고, 자살이 더는 개인적인 문제에만 머물 수 없는 지경에 이르렀다. 이에 우리나라는 2012년 자살예방법을 시행하기에 이르렀다. 자살에 대해 국가적 차원의 개입을 하지 않을 수 없는 극한점에서 자살예방법이 도출되었다고 해도 과언이 아니다.

미국의 10세에서 24세까지 젊은이들을 대상으로 자살에 관한 생각을 조사한 결과, 전체 조사자의 14% 정도가 자살에 관하여 생각하고 있는 것으로 나타났고, 그중 6%가량은 실제 자살을 시도한 것으로 조사되었다. 자살 생각이나 자살 충동을 사전에 반드시 관리할 필요가 있음을 알 수 있다. 미국 자살예방센터(AFSP)의 분석 결과, 1998년부터 자살이 줄기 시작했다. 이것은 그동안 자살예방을 위한 교육이 자살에 대한 오해를 개선한 결과이며, 새로운 차원의 자살예방 프로그램이 자살예방 효과를 거둔 것이다(EBS교육방송, 2013).

15세 때 자살 생각을 보인 청소년이 그렇지 않은 청소년보다 30세 때 자살을 시도하는 비율이 12배나 높았으며, 자살 생각도 15배 높게 나타났다. 이 연구는 15년간 종단 연구로 이루어졌다(Reinherz, Tanner, Berger, Beardslee, & Ritsmaurice, 2006). 또, 자살 생각이 높은 집단은 낮은 집단보다 7배 이상 자살을 시도할 가능성이 높은 것으로 확인되었다(Barrios, Everett, Simon, & Brenner, 2000). 자살을 시도하는 청소년들이 반드시 우울한 것은 아니며, 청소년이 우울하다고 해서 꼭 자살을 생각하는 것도 아니라는 주장(Ayyash-Abdo, 2002)이 제기되었고, 청소년의 자살은 정신질환으로 볼 수 없다는 분석(Shneidman, 1987)도 나왔다. 이것은 청소년의 자살을 연구함에 있어서 우울 요인이 절대적일 수는 없다는 것이다. 더욱이 우리나라 청소년의 사망 원인 1위가 자살(통계청 2013)로 조사되어 청소년 자살예방에 대한 대책 마련의 필요성은 더욱 절실한 실정이다. 그동안 자살 요인 연구가 우울과 같은 심리적인 자살 요인에 집중되어 있음을 고려해 볼 때, 자살을 유발하는 보다 다양한 요인의 연구가 필요할 것이다. 아이들은 우리의 미래이다. 청소년을 위한 자살예방은 우리들의 미래 사회를 건강하게 만드는 초석이 될 것이다.

세계보건기구인 WHO에 따르면, 죽음은 '소생할 수 없는 삶의 영원한 종말'이라고 정의된다(박제경, 박세환, 나선웅, 김춘우, 2010). 자살은 가족이나 친구, 친지 등 주변의 생존자에게 심각한 정신적 충격과 고통, 죄책감을 안기며, 때로는 자살에 이르게 한다. 자살은 문제를 해결하는 대안이 아니며 고통의 끝도 아니다. 오히려 본인뿐만 아니라 자신의 가족이나 친구, 주변인들에게 씻을 수 없는 또 다른 고통을 안겨주는 것임을 자각할 필요가 있다. 다양한 문헌을 통해 확인한 바는 생명존중의식의 고취가 현재 우리가 당면하고 있는 높은 자살률과 생명경시 풍조, 물질만능주의, 삶 속에서 만나는 다양하고 어려운 문제들을 극복할 대안임을 알 수 있다. 죽음준비교육의 근간이 바로 생명존중의 의미를 배우고 익히는 과정이니만큼, 생명의 의미와 존엄함을 이해하는 생명존중의식의 고취야말로 우리 시대 많은 병리를 치유할 수 있는 하나의 방안이 될 수 있을 것이다.

03

생명존중의식과 공격성

공격성에 대한 개념은 학자마다 약간의 차이를 보이지만 결국 대상을 향해 상처를 주려는 의도나 행위를 말한다. 언어적 혹은 신체적 행위를 모두 포함하는 포괄적인 개념이다. 버코위츠는 공격성이란 "자신이나 타인에게 상처를 주려는 의도를 가진 행위"(Berkowitz, 1993)라고 설명했다. 생명존중의 가치관이 자신은 물론이고 타인에게 미치는 사랑과 존중, 배려의 가치관이라는 점에서 보면, 자살은 자신에게 혹은 타인에게 상처를 입히는 공격적 행위이기 때문에 공격성의 발현은 생명존중에 반하는 가치나 현상으로 이해할 수 있다. 타인에게 가해지는 폭력도 공격성이 외현화되어 나타나는 행동으로 파악할 수 있다. 공격적 행위란 생명체를 해치거나 부상을 입히는 모든 형태의 행동을 말한다(Baron, Bynre, 1994). 공격성의 의미는 상대방을 다치게 하거나 사람 이외의 식물이나 동물 등 포괄적인 의미에서 생명체에 대한 공격으로 이해될 수 있다. 생명존중의 가치관은 포괄적으로 생명체에 대한 존중과 배려이며, 따라서 공격적 행위는 생명존중의 태도가 아님을 알 수 있다.

초등학교 고학년이나 청소년의 초기 단계에 나타나는 공격성은 꾸준하게 증가하며 성인기에 나타나는 심각한 공격성으로 이어질 수 있다(Coie et al., 1991). 아동과 청소년 초기에 형성된 공격적인 행동은 생애를 통해 지속적으로 이어지며 극심한 폭력성을 가진 반사회적인 행동으로 진행될 수 있다(Loeber, 1990; Patterson, Reid & Dishion, 1992). 초등학교 고학년이나 청소년 초기에 나타나는 공격성을 빠르게 잡아 주는 것은 이후 성인기에 나타날 수 있는 더 큰 공격성향을 예방할 수 있다는 것이다. 따라서 공격성의 표출로 인한 사회적인 문제를 줄이기 위해 초등학교 고학년이나 청소년기가 시작되는 중학교 시기에 적절하고 빠른 개입이 필요하다는 것을 알 수 있다. 공격성에는 신체 폭력이나 적대적/반항 행동, 따돌림과 같은 외현적으로 나타나는 행동과 함께 절도나 방화, 등교 거부, 가출 등 내현적으로 나타나는 행동도 포함된다. 포괄적으로는 물리적 힘의 행사를 통한 행동뿐만 아니라 물건을 훔치거나 등교를 거부하고 집을 나가는 등의 일탈 행위도 넓은 의미에서 공격성의 표출로 이해될 수 있는 것이다. 다양한 선행 연구를 통해서 살펴보았듯이 공격성은 자기 자신뿐만 아니라 타인이나 대인관계에서도 부정적인 영향을 미치는 성향으로 생명존중의 가치관과 상반된 의미로 이해될 수 있다. 여기에서 생명존중의식의 함양이 공격성을 낮출 가능성을 읽을 수 있다. 공격성이 자신과 타인에게 상처를 주는 행위뿐만 아니라 여러 부정적인 일탈 행위도 포함한다는 의미에서, 생명존중의 가치관을 함양하는 것은 청소년기의 공격성을 해소하거나 줄이는 데 기여할 수 있을 것이다.

공격성을 완화시키는 일은 청소년의 일탈 행위, 비행, 폭력 등을 줄이는 효과를 기대할 수도 있다. 공격성은 타인 혹은 대상에 대한 폭력성을 드러낼 가능성을 내포하는 것으로 생명존중의식을 높이거나 생명의 소중함을 경험하는 활동이 도움이 될 것이다. 공격성이 높은 청소년들은 비행, 폭력, 일탈 등을 일으킬 가능성이 높다. 공격성은 생명존중의 의미에 반하는 것이다. 따라서 청소년들의 비행이나 폭력, 일탈 등의 문제를 해결하기 위해 공격성을 낮추는 방안으로서 생명존중의식을 강화해 줄 필요가 있다.

죽음에 대한 생각이 공격성 감소에 미치는 효과를 연구한 결과, 죽음에 대한 생각은 공격성 수준을 감소시키는 역할을 하는 것으로 나타났다(박희정, 2007). 죽음에 대한 자극에 직면했을 때 공격성이 감소하는 폭은 상대적으로 크게 나타났다. 죽음에 대한 생각이 공포로 작용하기 때문이다. 그러나 죽음에 대한 생각을 떠올리는 것 자체가 단순히 두려움이나 공포를 느끼게 하는 것 이외에도 오히려 현재 자신의 삶을 되돌아보거나 소중하게 여기는 기회를 제공하게 되기 때문이기도 할 것이다. 죽음에 대한 성찰이 삶에 대한 진지한 접근을 가능하게 하거나 삶을 보다 가치 있게 만드는 데 도움이 될 수도 있다는 것이다. 생명존중의식이라는 가치관은 죽음이라는 고려

없이 만들어질 수 없는 가치관이다. 삶과 죽음은 하나의 연속적 과정이며 서로 다르거나 둘이 아니다. 죽음과 생명은 하나의 끈으로 이어져 있다. 죽음은 생명이라는 가치를 가장 명확하게 보여 주며 죽음을 통해 삶의 유한성을 깨닫는 것이야말로 생명과 삶을 더욱 소중히 느끼게 해줄 것이다.

자기애 성향이 지나치게 강한 경우에도 공격성이 높아지는 것으로 조사되었다(이세연, 2007). 생명존중의식은 자신뿐만 아니라 타인의 생명도 소중하다는 것을 깨닫게 해주는 활동이므로, 생명에 대한 보편적인 애정을 가지는 것이다. 따라서 이기적인 자기애적 성향을 완화시켜 자연이나 타인의 생명까지 소중하게 여길 수 있는 경험을 제공하게 되므로 공격성을 낮출 수 있을 것이다. 더불어 공격성에 매개가 되는 다른 요인들에 대한 후속 연구의 필요성도 주장되는데, 저자의 연구는 바로 그러한 필요성에 대한 후속 연구이기도 하다.

따라서 생명존중의식과 공격성 간의 영향에 대해 연구해 보는 것은 상당히 의미 있는 일이라 판단되었다. 생명존중의식을 기반으로 한 문학치료 프로그램이 삶과 죽음에 대해 생각해 보는 기회와 경험을 제공하고 공격성을 자극하는 자기애적 성향을 줄이면서 생명존중의식의 정도를 높일 수 있다면, 자신과 타인에게 폭력을 행사하거나 일탈 행위, 비행, 청소년 범죄를 일으키는 데 영향을 미치는 공격성을 줄이는데 기여할 수 있을 것이다.

04

생명존중의식과 삶의 의미

삶의 의미와 목적을 지니는 것은 정신건강에 큰 영향을 미친다(최명심, 손정락, 2009). 삶의 의미나 목적이 없다면 정신적인 건강에 부정적인 영향을 미칠 수 있다. 정미영(2013)은 자기 존재의 가치와 삶의 목적을 발견하는 것이 곧 삶의 의미임을 제안하였다. 그동안 삶의 의미에 관한 연구들은 대체로 삶의 의미를 개인의 안녕과 적응의 긍정적인 요인으로 파악하였다. 특히 삶의 위기나 역경을 이겨내는 데 강력한 자원임을 강조했으며, 삶의 의미는 개인이 이미 가지고 있거나 발견했다고 지각하는 삶의 의미에 초점이 맞추어져 있었다. 자살에 대한 생각이나 충동을 삶의 위기나 역경이라고 본다면, 삶의 의미는 바로 자살을 막는 중요한 원동력이라고 할 수 있다, 다시 말해, 자살이라고 하는 부정적인 생각을 바꾸는 긍정적인 요소로

작용할 수 있다는 것이다.

고등학생을 대상으로 자살 사고의 관계성을 분석한 연구에서는 용서, 삶의 의미, 감사, 희망은 자살 사고를 완전 매개하는 것으로 나타났으며, 부적 상관관계를 나타냈다(최아론, 이영순, 2012). 삶의 의미 요소가 높으면 자살 사고가 낮아질 수 있다는 것이다. 삶의 의미를 지니고 감사한 것을 찾고 희망의 요소를 찾는 것은 자살 사고를 줄일 수 있다는 것이다.

인간은 죽음이라고 하는 위협적인 상황이 주는 필연적인 불안으로부터 자기 자신을 보호하기 위해 삶의 의미를 재구성하고자 노력한다(Heine, Proulx, & Vohs, 2006). 죽음과 삶의 의미는 필연적으로 서로 영향을 주고받는다. 따라서 죽음에 대한 불안이나 공포를 해결하는 하나의 방편으로 삶의 의미를 만들어 낸다는 것이다. 인간에게 삶의 의미가 살아가는 중요한 의미임을 알 수 있다.

삶의 의미는 직접적인 경로로 자살 생각에 유의한 영향을 미치는 것으로 나타났다. 또한, 삶의 의미는 지각된 사회적 지지와 회피적 대처 양식을 매개로 자살 생각에 유의한 영향을 미치는 것으로 나타났다(김현지, 권정혜 2012). 삶의 의미는 자살에 직접적인 영향을 미친다는 것이다. 삶의 의미를 발견하고자 하는 이들과 이를 돕고자 하는 이들이 속한 교육 및 상담 장면에서 개인의 사생관과 가치관을 염두에 두어야 할 것이다. 어떤 위기나 곤경에 처해서도 초연한 상태에서 자기 자신을 바라봄으로써 그것을 초월할 수 있는 의지의 자유를 가지고 가치 있는 삶의 목적과 의미를 발견할 수 있다. 삶의 의미는 자신만이 아닌 타인의 행복감과 이타적인 성향을 포함한다(정미영, 2013). 극한의 상황에서도 인간은 자신의 자유의지에 의해 그것을 극복해 낼 수 있고 새로운 의미를 만들어 낼 수 있다. 삶의 의미는 물리적인 고통을 이겨내는 소중한 가치이며, 그러한 삶의 의미를 상실한 경우 극심한 고통을 호소할 수 있다. 희망이 가장 절망한 순간에 필요하듯이, 삶의 의미는 고통 속에서도 우리는 견디게 하는 지지대가 된다. 생명에 대한 애정, 삶에 대한 애정으로부터 소중한 의미를 만들고 가꾸어 찾아가는 것은 자살을 예방하고 행복하며 건강한 삶을 살아가는 데 도움이 될 것이다.

05

생명존중의식이 자살, 공격성,
삶의 의미에 미치는 영향

대구 지역 중학생 464명의 설문을 대상으로 SPSS 19.0 통계 프로
그램을 사용하여 분석하였다. 각 요인 간의 관계를 알아보기 위해
상관분석을 실시하였다. 그리고 상관관계만으로는 변인의 영향력을
살펴보는 데 무리가 있다고 판단하여 생명존중의식이 각 요인에 유
의미한 영향을 미치는지 알아보기 위해 각각에 대한 단순회귀분석
을 실시하였다.

생명존중의식, 자살위험성, 공격성, 삶의 의미 4가지의 각 요인간
의 상관관계를 분석한 결과, 생명존중의식과 자살위험성, 생명존중
의식과 공격성은 부적 상관, 생명존중의식과 삶의 의미는 정적 상관,
삶의 의미와 자살위험성, 삶의 의미와 공격성은 부적 상관, 자살위

험성과 공격성은 정적 상관을 각각 보여 주었다. 결과는 <표 1>과 같다.

표 1. 생명존중의식, 자살위험성, 공격성, 삶의 의미 간의 상관관계

	생명존중	삶의 의미	자살위험성	공격성
생명존중	1			
삶의 의미	.218**	1		
자살위험성	-.203**	-.692**	1	
공격성	-.182**	-.202**	.521**	1

**$p < .01$.

<표 1>을 살펴보면, 생명존중의식, 자살위험성, 공격성, 삶의 의미가 상관이 있음을 보여 준다. 생명존중의식이 높으면 삶의 의미는 높고 공격성과 자살위험성이 낮다. 생명존중의식이 낮으면 삶의 의미는 낮고 자살위험성과 공격성이 높다.

생명존중의식이 자살위험성과 공격성, 삶의 의미와 상관관계가 있는 것으로 나타난 것만으로는 영향력을 미친다고 단정하기 어려워, 이번에는 생명존중의식이 자살위험성, 공격성, 삶의 의미에 영향을 미치는지 알아보기 위해 단순회귀분석을 실시하였다. 결과는 <표 2>와 같다. 생명존중의식으로 자살위험성을 예측하는 모형의 통계적 유의성을 검증한 결과, F 통곗값은 19.948, 유의확률은 .001로, 생명존중의식은 유의수준 .05에서 자살위험성을 유의하게 설명하고 있으며, 자살위험성 점수 총 변화량의 4.1%(수정 결정계수에 의하면 3.9%)가 생명존중의식에 의해 설명되었다. 따라서 생명존중의식은 자살위험성에 영향을 미친다고 할 수 있다.

생명존중의식 점수로 공격성 점수를 예측하는 모형의 통계적 유의성을 검증한 결과, F 통곗값은 15.827, 유의확률은 .001로, 생명존중의식은 유의수준 .05에서 공격성을 유의하게 설명하고 있으며, 공격성 점수 총 변화량의 3.3%(수정 결정계수에 의하면 3.1%)가 생명존중의식에 의해 설명되었다. 따라서 생명존중의식은 공격성에 영향을 미친다고 할 수 있다.

표 2. 생명존중의식이 자살위험성, 공격성, 삶의 의미에 미치는 영향

(n=464)

독립 변인	종속 변인	비표준화 계수		표준화계수(β)	t	유의 확률
		B	표준오차			
생명 존중 의식	자살위험성	-.480	.108	-.203	-4.466	.001
	$R^2(adj.\ R^2)$ = .041(.039), F=19.948					
	공격성	-.463	.116	-.182	-3.978	.001
	$R^2(adj.\ R^2)$ = .033(.031), F=15.827					
	삶의 의미	.435	.090	.218	4.810	.001
	$R^2(adj.\ R^2)$ = .048(.046), F=23.139					

생명존중의식 점수로 삶의 의미 점수를 예측하는 모형의 통계적 유의성을 검증한 결과, F 통곗값은 23.139, 유의확률은 .001로, 생명존중의식은 유의수준 .05에서 삶의 의미를 유의하게 설명하고 있으며, 삶의 의미 점수 총 변화량의 4.8%(수정 결정계수에 의하면 4.6%)가 생명존중의식에 의해 설명되었다. 즉, 생명존중의식은 삶의 의미에 영향을 미치고 있다.

생명존중의식, 자살위험성, 공격성, 삶의 의미 간에는 상관관계가 있고, 생명존중의식이 높으면 삶의 의미는 높고 자살위험성과 공격성은 낮으며, 생명존중의식이 낮으면 삶의 의미는 낮고 자살위험성

과 공격성은 높게 나타나는 수치의 변화가 유의미하게 분석되었다. 즉 생명존중의식이 자살위험성과 공격성, 삶의 의미를 예측할 수 있는 영향력을 가진 변인으로 분석되었다.

06

생명존중 프로그램

저자는 생명존중의 가치를 담겨나 생명존중을 주제로 많은 활동을 하고 있다. 저자가 생명존중의식에 관한 연구를 진행 중이던 시기, 한국학술연구원 통합검색 프로그램에서 학위 논문과 학술지 논문 분야의 주제어 검색(2013. 11. 30)을 통해 살펴보았을 때, 우울 1만 7천여 건, 자아 존중감 1만 1천여 건, 자살 5천 3백여 건, 스트레스 9만 5천여 건으로 나타나 양적으로 상당히 많은 편이었다. 이에 비해 생명존중을 주제어로 검색하면 1천 5백여 건, 생명존중의식은 500여 건이 검색되어 다른 주제에 비해 연구가 수적으로도 상당히 적었다. 더욱이 생명존중의식을 독립변인으로 다루는 논문은 거의 없었다. 생명존중이나 생명존중의식 관련 논문이 있다 하더라도 생명이나 생명존중을 주제로 한 프로그램이나 활동이 생명존중의식에 영향을 주는가 하는 프로그램 효과 검증이 대부분이었다. 혹은 교육적 차원에서 생명존중교육의 필요성이나 성과, 과정 개발을 다룬 논문이 대부분이었다. 따라서 저자가 생명존중의식을 독립변인으로 연구하고 자살위험성과의 영향을 분석한 것은 생명존중교육이나 상담, 심리치료 등에 새로운 시사점을 줄 것이며, 생명존중 관련한 다양한 후속 연구에도 긍정적인 영향을 미칠 것으로 판단되었다.

생명존중의 교육 방법은 생명을 보살피고, 생명을 기르고, 관계를 맺어 주는 것이어야 한다. 인간의 실제적인 삶속에서 스스로 생각하며 자신과 자신의 주변을 체험을 통해 마음으로 느낄 수 있는 교육이어야 한다. 생명존중교육은 어려운 학문적 소양이 아닌 인간의 삶에서의 도리와 실천 방안이다(정현미, 손승남, 2010). 생명존중과 생명존중의식을 주요한 목적으로 다루는 분야는 생사학(生死學)과 죽음학, 혹은 웰-다잉 분야 등이다. 각 분야의 공통점은 모두 생명존중 혹은 생명의 존엄함이나 삶의 가치나 의미를 찾고자 하는 활동이란 점이다. 이 용어들은 서로 일부 혼용되거나 대체되어 사용될 수 있으나, 대체로 같은 맥락에서 논해지고 있다고 할 수 있다. 우리 사회가 아직 합의를 통해 하나의 명칭을 통일하지 못한 상태이고, 다른 학문 분야에 비해 비교적 근래에 시작된 개념이기에 혼용되고 있다. 우리 사회가 이 문제를 깊이 인식하고 사회적 합의를 도출해 낸다면 하나의 적절한 이름으로 명명될 수도 있다. 그것이 생명존중이나 생명 문화, 혹은 죽음 준비나 웰-다잉의 분야가 우리 사회에서 제대로 자리매김하는 길이 될 것이다.

죽음학 혹은 죽음교육은 생사학의 전신이고 생사학은 죽음학이 확충되어 이루어진 영역이라 하겠다. 타이완 생사학계의 아버지로 불리는 푸웨이신 교수는 생사학은 신체와 심리 활동, 정치·사회, 역사·문화, 지성 탐구, 심미적 경험, 인륜 도덕, 실존 주체, 궁극적 관심, 궁극적 진실 등의 10대 차원의 가치관을 아울러야 한다고 주장했다. 그가 1994년 난화대학에서 타이완 최초로 생명윤리학, 참살이(well-being), 생사교육, 호스피스 및 장의 관리 등 5대 영역을 중심으로 생사학 연구와 교육에 힘쓰기 시작한 결과 이후 학부 과정이 개설되기에 이르렀다(林綺雲, 曾煥棠, 林慧珍, 陳錫琦, 李佩怡, 方蕙玲, 2000).

죽음학과 생사학, 생명존중과 죽음준비교육은 생명의 존엄함과 소중함을 일깨우고 죽음도 삶의 한 과정으로 받아들이고 이해하는 것이다. 또 우리 모두가 겪게 될 삶의 고통을 받아들이고 그것을 극복하고 해소하며, 승화시키는 삶의 통찰을 가능케 한다. 비록 모든 삶의 고통을 다 해결할 수는 없다고 할지라도, 그것을 조금 더 편안하게 받아들이고 의미화하는 과정이라 할 수 있다. 삶의 진정한 의미와 가치를 깨닫고 삶에 대한 강한 의지를 되찾고 주체적인 삶의 주인이 되는 것, 물질적이고 외적인 가치에 좌우되지 않는 자신의 내면의 가치를 키우고 존중하는 것이다. 자신의 존엄함을 이해하면 타인의 존엄함도 인정하게 된다. 자살과 낙태가 심각한 사회문제가 되고 있고 언어적 육체적 폭력이 난무하고 사회 각계각층의 불신과 갈등이 만연한 이 시대, 돈이나 물질이 인간 가치를 더욱 추락시키는 물질만능주의의 팽배 등은 자신과 타인, 그리고 모든 생명체의 근본적인 존엄함을 받아들이는 순간 상당 부분 해결될 것이다. 생명이라는 절대적이고 존엄한 가치를 배움으로써 현대 사회의 수많은 역기능을 줄이는 데 큰 역할을 할 수 있을 것이다.

전통사회에서부터 현대에 이르기까지 각종 사회체계의 삶과 죽음에 대한 현상과 관념은 죽음학 혹은 '생사연구'의 중요한 대상이다. 생사학의 기원은 30여 년 전 미국에서 시작된 죽음학이다. 정신의학 및 죽음학 전문가인 퀴블러 로스의 말을 빌리자면, 죽음학에서 연구하는 핵심 과제는 '성장의 마지막 단계(the final stage of life)'로서의 죽음이다. 당시 미국의 행동과학자들이 많은 미국인이 죽음을 올바로 대면하지 못하여 평화롭게 죽음을 맞이하지 못한다는 점을 발견하고 '죽음 각성 운동(death awareness movement)'을 전개하면서 죽음학이 출현하게 되었다(林綺雲, 曾煥棠, 林慧珍, 陳錫琦, 李佩怡, 方蕙玲, 2000).

우리 사회는 아직 웰-다잉 개념이 일반화되어 있지 않고 죽음준비에 대한 교육이 대중적으로 이루어지지 않고 있기에 최근 한국죽음학회에서는 소책자를 만들어 우리 사회의 웰-다잉 가이드라인을 제시하기도 했다. 과거 우리나라는 전통적인 가족관에서 죽음을 맞았으므로 마을 단위나 가족 단위에서 임종과 죽음을 자연스레 경험할수 있었다. 그러나 도시화가 계속되면서 이러한 전통은 사라지게 되었고, 개인과 가족은 공동체의 지원 없이 핵가족 단위로 죽음을 맞고 있다. 따라서 죽음에 대한 규범이나 문화가 없는 상태에서, 또 죽음의 준비가 거의 되지 않은 채 자신과 가족의 죽음을 맞이하고 있다. 이러한 고통을 조금이나마 줄이고, 죽음을 조금 더 편안하고 의미 있게 맞이하기 위해 한국인의 웰-다잉 가이드라인을 발간한 것이다(한국죽음학회, 2011). 이 책은 실제 임종을 대비한 최소한의 안내서로 죽음준비를 위한 충분한 이해를 돕는 것은 아니다. 생명의 의미를 이해하고 생명존중의 의미를 이야기하면서 죽음을 외면하거나 죽음의 이해와 가치를 무시할 수는 없음을 주장하고 있다. 생명의 진정한 가치와 생명존중의 의미는 죽음을 통해 더욱 명백해질 수 있기 때문이다. 죽음이 없다면 생명의 소중함도 느낄 수 없다는 것이다. 따라서 이들은 생명존중을 다루는 활동에서도 반드시 죽음 문제를 다루어야 한다고 주장하고 있다. 상당수의 선진국에서는 자살 충동을 미리 파악하고 자살을 사전에 예방하기 위한 위기 상담과 예방교육을 실시하고 있으며, 의미 있고 행복한 삶을 살도록 정신건강과 정서적 안정을 위한 활동이나 교육을 연령대에 맞게 공교육에서 이미 실시하면서 많은 자살을 예방하고 있다.

독일의 경우 초등학교 6년과 중학교 3년, 고등학교 4년까지 총 13년에 걸쳐 죽음에 대한 준비교육을 실시하고 있으며, 이는 주로 매주 종교수업 시간에 이루어지고 있다. 죽음이라는 테마를 적극적으로 다루면서 각 연령에 맞추어 죽음에 대해 충분히 생각할 기회와 시간을 마련하는 것이다. 물론 종교수업을 통해 죽음준비에 대한 체험이 이루어지고 있지만 내용 측면에서는 종교적 입장이 아니라 철학과 의학, 심리학, 역사, 문화, 비교종교학 등 다양한 접근이 시도되며, 학생 스스로가 자립된 사고를 갖게 하기 위한 교육으로 특정한 사생관을 강요하지는 않는다. 이미 중학교 과정에서부터 생명과 죽음의 가치관과 규범, 죽음 정의, 임종과 장례 문화, 안락사와 존엄사, 생명윤리, 다양한 학자의 죽음관과 Thanatology 등 상당히 심도 깊은 교육이 이루어진다. 이러한 유사한 활동은 총 26개의 장소에서 실시되고 있다. 미국의 경우 주마다 약간의 차이는 있지만 '비탄교육'이라는 영역에서 죽음을 다루고 있다. '비탄교육'과 '비탄 카운슬링'이라는 이름으로 이루어지는 활동에서는 상실 체험이 있는 5세에서 17세까지의 어린이와 청소년을 상대로 상담과 치유를 포함한 죽음교육이 이루어지고 있다(Alfons, 2008).

영국의 공교육에서는 어린이와 청소년이 오랜 시간 학교에서 생활하고 있음을 감안한다면 학교에서 학습 이외에 인생에 대해 가르치는 것이 당연하다는 의견이 일반적으로 받아들여지고 있다. 5살에서 18살까지 지속적으로 PSHE(Personal Social and Health Education)라는 수업이 이루어지는데, 이 수업은 인생 전반에 걸친 다양한 주제의 문제를 다루고 직접 경험하고 참여하는 입체적인 수업이다. 이는 교사 주도하에 이루어지며, 가족과 친구, 이성 문제, 심리적, 경제적 문제 등과 함께 죽음도 하나의 주제로 다루고 있다. 이 과목은 영국 학교의 90% 이상이 채택하고 있다(EBS, 2012).

어린이와 청소년 교육에 있어서 주요 학습 과목만이 아닌 삶에 대한 공부를 공교육에서 실시하고 있다는 것은 그렇지 못한 우리나라의 현실을 생각해 보면 놀라운 일이다. 그리고 이것이 윤리나 도덕 등 타 교과의 일부분에 포함되는 것이 아니라 하나의 독립된 과목이란 점은 시사하는 바가 크다 하겠다. 아이들이 어른이 되기 전 준비해야 할 것은 학습 위주의 교육이 아니다. 우리나라도 하루빨리 이와 같은 과목들을 도입해 자살을 예방하는 한편 자살 위기의 청소년들이 삶의 의미를 찾도록 도와야 할 것이다.

영국에는 ≪긍정적 비탄(Good Grief)≫이라고 하는 중·고등학생용 죽음교육 안내서가 있다. 이 안내서는 1948년 초판이 발매되어 현재까지 매년 개정판이 나오고 있다. 스웨덴에서도 초등학교 주변에서 일어난 대형 사망사고를 계기로 비탄교육이 적극적으로 실시되고 있고, 초·중학교에는 교장 선생님과 보건·심리학 교사, 간호사 등 3명이 한 팀이 되는 '위기 대응팀'이 운영되고 있다. 그리고 비탄교육과 더불어 죽음준비교육도 지속적으로 실시하고 있다(Alfons, 2008).

영국에서는 호스피스 운동과 상호작용을 일으키면서 죽음교육, 호스피스, 애도 상담 등을 주요 내용으로 하는 죽음학이 전개되기 시작하였다. 그러나 죽음학의 주된 관심사는 호스피스, 죽음교육과 죽음과 연관된 현상들의 연구에 머물러 '삶의 차원(dimension of life)'이 결핍되었고, 이에 푸웨이신 교수는 1993년 종교의 죽음에 대한 관심 및 임종정신의학을 결합하여 삶의 차원을 포함하는 죽음학 연구를 주장하면서 생사학(Life-and-Death Studies)이라는 단어를 사용하기 시작했다. 그 후 지금까지 많은 연구가 이루어지고 있다(林綺雲, 曾煥棠, 林慧珍, 陳錫琦, 李佩怡, 方蕙玲, 2000).

호주에는 NALAG(National Associaition of Loss and Grief; 전국

상실 및 비탄협회)라는 조직이 있다. 이 조직은 사회적으로 큰 파장을 불러일으킨 대형 참사를 계기로 많은 사람에게 슬픔과 고통의 원인이 된 죽음에 대한 상처를 치유하기 위해 설립되었다. 이 단체는 상당히 적극적으로 활동하고 있으며, 중·고등학교에서는 1년에 한 번 '비탄교육의 날'을 정하여 학생과 학부모가 함께 참여해 다각적인 학습이 이뤄지고 있다. 그리고 호주에서는 교사가 되기 위해서는 반드시 학생들의 상실 체험에 대응할 수 있도록 비탄 카운슬러 등 전문가로부터 비탄교육을 받는 것을 의무화하고 있다(Alfons, 2008). 이는 국가적으로도 죽음교육에 대한 필요성을 상당히 중요하게 생각하고 있음을 방증한다. 특히 청소년들에게 이러한 교육이나 보살핌이 반드시 필요하다는 것을 인식한 결과라고 할 수 있다.

일본의 죽음준비교육은 알폰스 데캔에 의해서 시작되었다. 그는 일본 죽음준비교육의 선구자이자 대가이다. 일본의 조치대학(上智大學)에서 1982년부터 의료 관계자와 일반인을 상대로 삶과 죽음을 생각하는 세미나를 개최해, 30년이 지난 지금까지 이어지고 있다. 대학 강좌에서도 죽음과 철학 강의를 담당하고 있는 알폰스 데캔은 독일 출신으로 자신의 성장 과정에서 자연스레 죽음준비교육을 받아왔으며 우리나라와 마찬가지로 죽음이 상당히 터부시되는 문화를 가졌던 일본에 정착하면서 죽음준비교육에 대한 필요성을 더욱 절감하게 되었다. 우리나라도 현재 겪고 있는 학교 폭력과 이지메, 왕따, 자살 문제 등이 심각하던 일본 사회를 바라보며 그는 생명존중에 기반을 둔 죽음준비교육을 시작하게 되었다.

그는 자신의 생명뿐만 아니라 타자의 생명도 중요하다는 관점을 가질 수 있다면 일본에서도 크기 문제가 되었던 집단 따돌림 폭력인 이지메를 예방할 수 있다고 보았다. 일본은 자살률이 높고 지진과 태풍, 쓰나미 등 자연재해가 빈번한 국가여서 죽음 문제가 심각했지만, 역시 죽음교육이 제대로 보급되지 않은 상태였기에 일본에 알맞은 죽음준비교육을 시작해야 함을 절감했다. 이렇게 여러 선진국에서는 죽음에 대한 불안과 슬픔, 고통, 그리고 미리 준비하는 죽음준비교육에 대한 필요성을 일찌감치 깨닫고 초등학교에서부터 고등학교 전 과정에 걸쳐 다양한 죽음준비교육을 해오고 있다. 죽음준비교육은 죽음으로 인한 상실감과 고통을 치유할 뿐만 아니라 현재 자신의 삶을 돌아보고 더 가치 있고 의미 있는 삶을 살게 만드는 원동력이라는 것을 선진국의 교육 사례를 통해서도 알 수 있다.

최근 들어서는 우리나라에서도 여러 가지 죽음준비교육이나 웰-다잉 관련 서적의 출판, 호스피스 운동, 죽음 관련 강연 등이 이어지고 있다. '각당복지재단'이나 '한국 웰-다잉 연구회', '삶과 죽음을 생각하는 회' 등 각종 단체와 모임이 생겨나서 웰-다잉 관련 활발한 연구와 교육, 활동을 하고 있다. 2007년 가톨릭대학교는 생명대학원 과정을 개설하여 생명문화학과 생명윤리학과를 운영하고 있다. 한림대학교 생사학연구소는 웰-다잉-죽음준비교육 전문가 과정을 개설하고 있다. 최근 들어서는 한림대학교에서 생명교육융합대학원을 개설하고 생사학이라는 학문 분야를 연구하기에 이르렀다. 자살예방과 생명학, 죽음학, 생명문화 등 우리나라 생사학(生死學)의 선구자로서 그 역할이 주목된다. 이제는 웰다잉이나 죽음준비교육이라는 말이 아닌, 웰-에이징(well-aging) 활동이나 웰-라이프(well-life) 교육 등으로 삶과 생명에 대한 활동이나 교육이 더욱 다양하고 체계적으로 이루어지고 있다. 이러한 노력에도 불구하고 아직까지 우리나라에는 죽음에 대한 터부가 남아 있다. 죽음은 여전히 삶의 영역에서 한참은 떨어져 있는 것이 현실이다. 우리 사회가 진정한 선진국으로 도약하기 위해서는 생명존중의식의 함양을 통해 성숙한 죽음문화를 만들고 생명문화의 뿌리를 튼튼히 내려야 할 것이다.

죽음준비교육이 어떤 내용으로 구성되어야 하는지에 대한 조사에서는 전체 응답자가 생각하는 중요도 순위로 '죽음의 의미'와 '삶의 가치'가 가장 높게 나타났다. 일반인들은 죽음교육에서 삶과 죽음의 의미를 이해하고 삶에서 진정한 가치와 의미를 찾고자 하는 것으로 이해할 수 있을 것이다. 이것 역시 생명존중교육 혹은 웰-다잉, 죽음준비교육의 지향하는 바와 일치한다고 하겠다. 생명존중 관련 교육이나 활동이 타 교과목의 일부로 다루어지기보다는 하나의 독립된 과목으로 분리되어야 그 위상을 정립할 수 있을 것이다. 생명존중이라는 주제가 하나의 독립된 과목으로 비중 있게 다루어진다는 것 자체가 우리 사회가 생명존중에 대한 소중함을 인식한다는 의미가 될 것이다. 그리고 생명존중의식에 대한 활동들이 공교육에서 실시되어야 큰 힘을 발휘할 수 있을 것이며,전 국민적인 생명존중문화를 조성하는 데 가장 효과적인 대안이 될 것이다.

제7차 교육과정 중학교 도덕 교과에서의 생명존중교육의 실태를 살펴보면, 생명의 본질과 가치에 대한 기본적인 설명이 미흡한 채 생명의 존엄함을 당위적 차원에서만 제시하는 한계가 지적된다(지미경, 2006). 생명윤리 문제에 대해서도 구체적인 접근보다는 추상적으로 문제를 나열하는 것에 그치고 있으며, 하나의 사례를 다루려 해도 교과의 구성상 진도를 맞추기 위해 강의식 수업에 의존하고 있다고 평가된다. 또 위에 따르면, 생명존중에 관한 논문 중 유아나 아동 초등학생과 관련하여 연구된 것이 대부분이고, 중등에서는 생명존중교육을 위한 이론적 접근이 많이 이루어진 반면, 생명존중교육을 위한 구체적인 교수학습 모형이 미흡한 실정으로 중등 과정의 구체적이고 실천적인 생명존중교육이 시급하다. 그리고 생명존중교육의 학습 모형 구성 단계에서는 탐구 공동체 활동의 분석을 통해 대안적 모형을 만들고자 하였는데, 생명존중의식의 습득이 인지적 차원이 아닌 타인과의 조화와 균형을 지향하며 서로 관계 속에서 경험되어야 하는 것으로서, 개방성과 활동성, 통합적 접근을 목표로 하고 있다.

그 외 생명존중 관련 연구는 주로 생명존중 프로그램이 생명존중의식의 수준을 높이는 데 기여한다는 연구가 주를 이루고 있다(강명식, 2009;, 송미경, 김경란, 박천만 2012;, 임금선, 김현실, 2012). 일부 논문에서는 학교 폭력과 또래 따돌림, 왕따 등 여러 가지 역기능을 나타내는 요인이 생명존중의식의 함양으로 극복할 수 있다는 주장(정미라, 2002)도 이어지고 있지만, 양적으로 상당히 적은 상태다.

생명존중 프로그램이 우울과 자살 생각을 낮추고 심리적 안녕감을 증진시켰다는 연구(임금선, 김현실, 2012)와 청소년 자살예방 프로그램이 청소년의 생명존중의식을 높이고 자살위험성을 줄이거나 자살 태도 수준을 낮추는 데 효과적이라는 연구(유재순, 손정우, 남민선, 2011)도 있다. 다양한 연구를 통해 생명존중 프로그램의 긍정적인 효과성은 검증되고 있다.

07

문학치료와 정신건강

문학치료는 문학을 매개로 사람들에게 고통치유의 경험을 제공하고 삶의 통찰과 성장을 이끄는 실천인문학이다. 인문학이 근대로 넘어오면서 다소 이론적 차원에 머물렀던 것도 사실이지만, 본래 인문학은 인간 삶의 현장을 함께 하는 매우 실천적이고 현실적인 것이었다. 문학치료는 인문학의 본래 기능인 치유의 기능을 되찾아 현대인들의 정신건강을 돌보는 매우 유용하고 소중한 실천인문학이다.

문학치료의 역사적 근거는 다음과 같다. 고대 원시사회에서 원시 제전의 주술 행위(주술/노래/시)의 일부분이었던 것이 오늘날 문학으로 정착되었다. 치료라는 말의 어원인 'Therapeia' 역시 그리스어에서 유래한 것으로 표현예술을 통해 '치료하다', '도움이 되다'라는 뜻이다. 고대 그리스에서는 프시케가 마음이나 영혼을 의미했고, 로고스는 말과 세계를 의미하였다. 그리스 신화에 "말은 병든 마음의 의사다."라는 말이 나온다. 로마 시대에는 의사가 처음으로 내담자에게 시와 드라마로 처방했다는 기록이 있다. 고대 이집트 테베에 건립한 도서관은 '영혼을 치유하는 장소'라고 불렸으며, 그리스 도서관 입구에는 '영혼을 위한 약'이라는 현판이 새겨져 있었다고 한다. 아리스토텔레스 또한 일찍이 ≪시학≫에서 카타르시스에 대해 논하면서 문학이 치료적 기능을 갖는 정서를 불러일으킨다고 하였다(변학수, 2004). 문학치료가 개인의 정서적인 건강을 유지하는 데 기여한다는 것은 이렇듯 역사적으로 문헌적으로 기록되어 왔다. 글을 읽고 쓰는 행위, 예술을 창작하고 향유하는 행위, 다양한 상상을 구체화하고 표현하는 행위 등은 인간에게 치유적 기능을 지속적으로 수행하고 있다.

역사적으로 기록된 최초의 문학치료사는 1세기 소라누스라는 로마 의사였다. 그는 조증환자에게는 비극을, 우울증환자에게는 희극을 처방하였다고 전해진다. 수세기 동안 시와 의학 간의 관계는 명확히 밝혀진 것이 없다. 미국의 경우 1751년 벤저민 프랭클린이 세운 최초의 병원인 펜실베이니아 병원에서 정신질환 환자들에게 치료 보조 수단으로 책 읽기와 글쓰기를 사용하고 그들의 글을 출판한 것이 최초의 기록으로 남아 있다. 미국 심리치료의 아버지라 불리는 벤저민 러쉬(Benjamin Rush)는 음악과 문학을 효과적인 보조수단으로 치료에 사용하였으며, 환자들이 쓴 시(詩)를 자신들이 만든 신문인 <일루미네이터(The Illuminator)>에 싣기도 하였다(이봉희, 2010).

문학치료의 개념이 오랜 역사를 가지고 있듯이, 문학치료를 행하는 문학치료사의 역할 역시 역사적 근거를 가지고 있다. 치료가 좁게는 병리적 치료에서부터 미래의 병리를 치료하는 예방적 차원의 개념까지 포괄한다고 볼 때, 문학치료가 인간의 정서적인 건강을 회복하거나 정신적 질병을 예방하는 데 많은 역할을 할 수 있다.

문학치료의 과정에서 매우 필수적인 활동으로, 글을 읽거나 쓰는 행위, 그리고 이러한 행위를 통한 집단과의 소통은 개인의 인식 확장을 도모하며, 삶의 지혜를 발견하는 기회를 제공할 수 있다. 병리로부터 고착된 관점을 변화시킬 수 있으면서, 고통을 여과하는 승화의 과정도 경험할 수 있게 된다. 결국 치유와 성장을 함께 도모할 수 있다. 따라서 문학치료는 정신건강을 돌보는 유용한 방법이면서 이를 통해 창조와 창작의 세계로 나아가는 하나의 예술적 도구로도 가능성을 품고 있다.

문학치료의 과정에서 텍스트를 수용하고 이해하는 과정에서 필수적으로 동반되는 "상상력과 유추의 힘은 자신을 지키는 심리적 면역력과 긍정의 힘을 부여하고 절망과 좌절 앞에서 다시 일어날 수 있는 용기를 가지도록 돕는다. 바로 이 상상력과 유추의 힘은 개인의 치유를 성취할 뿐만 아니라 주체성을 극대화 하고 창의성과 창조력을 독려하여 그 스스로가 시인 혹은 예술가가 될 수 있다"(2014, 배정순). 문학치료는 매우 자발적인 치유의 행위이며, 정신건강을 돌보는 체험이자 모범이 될 수 있다는 것이다.

물론 극심한 고통이 동반되는 경우는 반드시 훈련받은 전문가의 도움을 통해 치료의 행위가 수행되어야 한다. 그러나 누구나 일상에서 경험하는 크고 작은 정서적 불편함들은 구지 전문가의 도움 없이도 문학치료를 배우고 이해함으로써 스스로 자가 치유에 이를 수 있으며, 이는 스스로 자신의 정신건강을 돌보게 하는 유용한 자기치유의 방편이 될 수도 있다. 이렇듯 자기치유의 방편과 창의적 주체성을 강화하는 측면에서도 기능할 수 있다는 점에서 문학치료는 정신건강을 돌보는 매우 유용한 치유법이자, 고통을 예술로 승화할 수 있는 표현예술의 하나일 수 있다.

문학치료 프로그램에서 사용하는 문학 텍스트는 하나의 매개체이다. 자신의 무의식적 자아를 이해하고, 다른 사람들과의 관계 혹은 세계 속에서 자신의 삶에 대한 깊은 이해를 가능하게 하며, 읽고 말하고 쓰는 언어적 수단을 통해 숨겨진 창의성을 계발하여 치유의 힘을 얻는 것이다(김춘경, 변학수, 채연숙, 2006). 문학치료가 타인과의 관계나 자아의 본질을 이해하고 삶에 대한 이해를 깊게 한다면, 이것은 생명존중 프로그램이 추구하는 목표와 유사하다. 생명존중 프로그램의 목표는 삶의 의미를 발견하거나 인간 존중의 가치를 찾고, 타인과의 관계도 발전시키는 데 있기 때문이다.

문학치료에서 말하는 문학은 다양한 장르를 포함한다. 문학이나 이야기, 신문에 실린 기사들, 가사, 연극, 시, 영화, 비디오, TV 드라마, 일기 등 생각과 느낌을 이끌어 내기 위해 사용될 수 있는 것을 포함해 언어를 표현 매체로 사용한 광의의 문학을 말한다(이봉희, 2008).

문학치료 프로그램에서는 시나, 소설, 동화라고 하는 좁은 의미의 문학 텍스트뿐만 아니라 영화나 노래, 드라마 등 다양한 매체를 활용할 수 있다. 문학과 예술, 언어와 음악, 그림과 시 등 다양한 영역이 연결되고 통합되어 제공된다. 문학치료는 이렇게 다양한 영역을 넘나들면서 만들어지는 것으로 현대인들에게 정신건강을 돌볼 수 있는 하나의 유용한 대안이 될 수 있다. 문학치료는 인간의 정신적, 정서적, 사회적 건강을 도모하고 유지하는 통합적 정신건강 모델로서 매우 높은 가치가 있다.

문학은 치료를 위한 하나의 촉매 역할을 하며 예술적 가치나 위대함이 아니라 깨달음과 자아발견을 위한 도구로, 예술로서의 문학이 문학 자체에 있다면 문학치료를 위한 문학은 그 초점이 참여자들의 반응과 자기표현을 통한 성장에 있다(이봉희, 2008). 문학치료사는 참여자들이 스스로를 이해하고 성장할 수 있도록 도와주는 역할을 해야 하며, 한 개인이 삶의 의미를 찾고 깨달음을 얻는 과정의 동반자임을 알 수 있다. 문학치료사는 참가자들이 스스로의 건강성을 회복할 수 있도록 도우며, 내면의 빛과 건강한 자아를 되찾을 수 있도록 독려하고 촉진하는 사람으로서 인격적 존중과 기회의 평등을 보장하고 공유와 나눔을 제공한다.

문학치료가 시나 동화, 소설만이 아니라 글이나 영상 등 언어로 표현된 다양한 텍스트를 활용할 수 있기에 문학치료를 생명존중 프로그램에 도입한다면 내용 구성면에서도 다양한 콘텐츠를 활용하는 것이 가능해진다. 이러한 다양한 콘텐츠 활용은 집중하는 시간이 짧거나 정서적인 혼란기를 겪고 있는 참여자들의 주의를 끌고 호기심을 불러일으키는 데도 큰 도움이 되기 때문에 치료적 효과 달성에 매우 효과적일 수 있다. 통합적이고 입체적인 매체의 활용은 보다 풍부한 참여자의 변화를 이끌어 목표를 달성하는 데 기여할 것이다. 문학치료는 참여자의 자발성과 적극성을 일깨우는 참여자 위주의 활동이기 때문에 참여자 개개인의 역량을 촉진시켜 자아와 적극성, 주체성을 강화하는 데 매우 효과적인 매체이다.

생명은 일회적인 것, 내면적인 것, 영혼이 깃들어 있는 것, 역동적인 것, 체험에 의해서만 이해될 수 있는 것이다(진교훈, 1993). 생명을 학습이나 인지적 차원의 접근을 통해 배우는 것은 어렵기 때문에 다양한 차원의 경험을 통해 배우는 것이 필요하다. 문학치료 프로그램이 경험을 통한 삶의 통찰과 자아의 성숙을 돕는다는 의미에서, 문학치료 프로그램의 접근 방식은 생명의 의미를 배우는 데 효과적인 방법이 될 수 있다. 문학치료는 참여자의 창의적이고 적극적인 참여를 독려하며 다양한 경험을 통해 한 개인을 성장시킨다. 생명의 의미는 쉽게 설명할 수 있는 것이 아니어서 다양한 차원의 이해가 필요하며, 따라서 인지적 차원보다는 경험을 통해 배우는 것이 효과적이라는 것이다. 이것은 경험을 통해 치유를 성취하는 문학치료의 과정과 유사하며, 이를 활용하면 생명존중의 의미를 배우고 경험하는 데 많은 도움이 될 것이다.

이탈리아의 천문학자인 갈릴레오 갈릴레이는 "사람들에게 가르쳐 줄 수 있는 것은 아무것도 없다. 단지 자신의 내면에서 진실을 발견하도록 도와줄 수 있을 뿐이다."라고 하였다(강영계, 2012). 이는 문학치료 현장의 치료사의 역할과도 유사하다. 문학치료사는 참여자가 스스로 탐색하고 이해하도록 촉진한다. 삶의 성찰과 통찰을 경험하는 것은 참여자에 의해 자발적으로 이루어져야 한다는 것이다. 문학치료를 죽음준비교육이나 생명존중 프로그램에 도입하면 좋은 이유가 여기에 있다. 피동적으로 참여하지 않고 삶과 죽음, 생명의 의미를 체험을 통해 직접 경험함으로써 주체적으로 이해하고 주체적으로 의미를 만들어 가기 때문에 더 큰 즐거움과 강한 각인 효과를 가질 수 있다. 이러한 문학치료활동 단계에 생명존중의 요소를 충분히 포함시키고 잘 구조화한다면, 문학치료 프로그램이 자살과 낙태, 폭력 등으로 드러나는 생명경시 풍조, 인간을 도구로 전락시키는 물질만능주의와 퇴폐향락주의, 그리고 무엇보다 현대인을 괴롭히는 다양한 정신병리를 극복하고 예방할 수 있을 것이다.

문학치료란 문학 작품을 통해 환자의 심리적이고 정신적인 장애를 극복하는 것이다. 그런데 이러한 문학치료가 가능한 것은 우리들의 삶이 서사적으로 구조화되어 있으며 이러한 우리 삶의 서사에 문학 작품의 서사가 영향을 미칠 수 있기 때문이다(정운채, 2006). 문학치료는 내담자가 가지고 있는 자기서사를 바꾸는 기회를 제공한다는 것이다. 텍스트로 사용하는 문학을 매개로 그동안 자신의 삶에 주를 이루었던 여러 역기능적인 서사를 보다 긍정적으로 변화하는 기회를 맞는 것이다. 정운채의 문학치료는 작품의 서사를 통해 새로운 경험을 하는 자기서사 보충단계와 잠재된 내면을 자극하고 일깨우는 자기서사 강화단계, 그리고 현실 세계에서는 엄두도

내지 못하는 금지된 영역을 탐색함으로써 자기서사를 통합하는 단계까지 세 단계로 이루어진다. 그리고 이 세 단계는 별개의 것이 아니라 서로 유기적으로 연결되어 서로의 단계를 넘나들 수 있다. 내담자의 자기서사는 이 세 단계를 반드시 포함하여 역동적으로 변화를 겪게 된다.

생명존중 프로그램은 생명이나 생명존중에 대해 제대로 혹은 충분히 인식하고 있지 않은 개인들, 자살이나 폭력 등에 대한 인식이 부족한 개인들, 자살이 마치 고통의 해결책이라는 잘못된 서사를 가진 개인들에게 생명과 생명존중의 의미를 구체적으로 경험하도록 기회를 제공하여 잘못된 신념이나 가치관에 변화를 주도록 노력한다. 한 개인이 가지고 있는 생명과 생명존중에 대한 가치 변화를 이끌어 내고 자살이나 죽음에 대한 왜곡된 생각을 바로잡아 주는 것은, 한 개인이 삶에 대해 가지는 부정적인 서사를 바꾸어 심리적·정서적 건강을 되찾아 주는 문학치료의 역할과 유사성을 가진다. 따라서 생명존중 프로그램에 문학치료를 도입하는 것은 개인의 부정적인 서사를 바로잡고 정서적 건강을 되찾는 데 도움을 줄 것이다.

인간 본연의 세계가 담긴 문학의 힘은 시대 상황을 창조할 수 있다. 삶의 모든 의미는 동화적 내적 장치 속에 융해된다. 동화는 삶의 터전이며 꿈과 현실을 창조하는 상징체계이다. 동화는 어린이만을 위한 것이 아니라 누구에게든 강렬하게 작용하는 창조적 공간이다. 동화 정신, 순수성의 회복은 생명존중정신의 회복이며 물질문명의 여러 문제를 극복하는 대안이 될 수 있다(최용, 1993).

현대사회의 인간성 상실은 생명존중정신을 근간으로 하는 순수한 동화 속 패러다임을 통해 이겨낼 수 있다. 동화를 통한 인간성 회복을 생명존중의 가치에서 찾는 것이다. 동화 정신이 인간성 상실의 회복과 생명존중정신이라면, 이는 생명존중의식의 가장 기본적인 가치이며 문학치료의 목표에도 부합하는 것이다. 생명존중의 가치를 닮은 동화를 문학치료나 생명존중 프로그램에 활용하는 것은 순수한 인간성을 회복하여 생명존중의 정신을 되찾고 물질문명의 폐해와 사회병리를 극복하는 데도 긍정적인 영향을 미칠 것이라 판단된다.

우리 사회의 수많은 병리는 생명이 그 존엄함을 잃고 생명이 수단화되어 가는 비극적 현실에 기인하고 있다. 인간 스스로가 생명에 대한 존엄을 깨닫고 실천하는 생명존중사상을 함양해야 한다. 생명존중의식은 개인적 차원의 의식이 아니라 사회 전반적인 차원으로 확대되어야 하며, 하나의 문화로 자리 잡아야 한다. 개개인의 생명존중의식이 발전하여 우리 사회의 생명문화를 만들어 갈 것이고, 이러한 생명의 문화는 우리 사회의 문제를 치유하는 길이 될 것이다.

김태순(1997)은 서기원의 전후문학 분석을 통해 작가 자신이 전쟁터에서 경험한 죽음과 덧없는 생명의 소멸에 대한 반감은 생명존중사상으로 승화되었다고 주장하며 극한 절망 속에서도 굴하지 않고 극복할 수 있었던 힘을 인간 생명의 존중 정신에서 찾았다. 작품을 통해 극한 상황에서도 작가의 따뜻한 인간애를 표현한 서기원의 전후문학은 생명존중의식이 극한 상황을 극복하는 대안이라는 메시지로도 이해될 수 있을 것이다. 생명존중의식은 삶의 고통을 극복하게 해주는 힘이라는 사실을 작품과 실제 작가의 상황을 통해 전하고자 하였다.

　문학은 인간의 의식을 다루는 가장 전통적인 예술 영역으로 문학의 존재 이유는 인간의 행복 추구에 있다. 문학은 글을 쓰는 사람의 꿈의 모방이며 현실에서 거절당한 것을 충족시키기 위해 때로는 왜곡되기도 한다. 문학이 치료적이라는 믿음은 문학이 본질적으로 상처나 고통을 서술하기 때문이다(채연숙, 2010). 문학치료 프로그램은 이런 문학 텍스트의 장점을 이용하여 개인의 고통이나 어려움, 부정적인 정서를 해소하고 심리적 안정감을 되찾게 해준다. 소설이나 동화, 시(詩) 외에도 그림이나 영화, 동영상, 이야기는 그 속에 서사나 은유가 담겨 있어 참여자가 자신의 상황이나 입장, 상처나 고통 등 다양한 감정이나 정서를 이끌어낼 수 있다. 고통과 상처를 다루는 매체들을 통해 고통과 상처를 해결할 수도 있다는 것이다. 문학 텍스트를 통해 상처와 고통을 직면하거나 혹은 간접적으로 경험하는 것이다. 따라서 자살자들이나 공격적인 개인들이 삶의 고통이나 상처를 드러내고 해소하는 데 문학치료 프로그램은 많은 이점을 가지고 있다 하겠다.

　자살자의 상당수가 삶의 고통에 절망하는 개인들이며, 이들은 고통의 벽을 넘지 못하고 삶을 포기한다. 고통이 고통으로 끝나버리고 고통을 받는 개인이 자신의 삶을 자살로 마감한다면 삶 속에서 고통을 아름답게 승화하는 미덕을 찾을 수 없다. 문학 속에서 극한의 상황을 극복하는 가치를 생명존중의식에서 찾는다는 것은, 문학이 삶의 반영이라는 점을 생각해 볼 때, 삶의 극한 상황도 생명존중의식의 환기를 통해 얼마든지 극복할 수 있다는 가능성을 찾게 한다. 따라서 문학치료에서 생명존중의식을 주제로 삼는 것은 한 개인이 삶속에서 불가피하게 맞는 극한 상황을 극복하는 힘을 키워주는 것이며, 자신에게 위해를 가하는 자살이나 타인에게 위해를 가하는 폭력등의 상황을 줄이고 건강한 삶을 영위하게 하는 데에 크게 기여할 것으로 기대된다.

알폰스 데켄은 죽음교육에 문학 작품이 아주 유용함을 강조하고 음악이나 미술, 철학의 과목이 적절히 조화를 이루면 더 효과적이라고 생각했다(Alfons, 2008). 죽음교육이 문학이나 음악, 미술, 철학등 다양한 분야의 조화를 통해 생명존중의식의 함양과 삶의 의미를 효과적으로 가르치려고 노력하는 것을 살펴보면, 죽음준비교육은 사용하는 다양한 텍스트나 매체 활용 차원에서 문학치료 과정과 부합하며 문학치료가 생명존중의식을 함양하는 데 효과적일 수 있다는 예측을 가능하게 한다. 우리나라에서는 웰-다잉 연구회의 일종인 '삶과 죽음을 생각하는 회'가 활동하고 있는데, 이 모임에서는 죽음과 관련된 영화와 문학 작품 등을 선별해 보고 읽으면서 다양한 죽음을 경험하고, 이를 통해 웰-다잉의 실천을 강조하고 있다. 삶과 죽음, 생명의 의미는 교육이나 인지적 차원의 접근이 아닌 문학이나 영화등의 매체를 적극적으로 활용함으로써 더욱 효과적일 수 있다는 믿음을 갖게 한다.

생명존중의식의 습득은 인지적 차원이 아닌 타인과의 조화와 균형을 지향하며 서로 관계 속에서 경험되어져야 하는 것으로, 개방성과 활동성, 통합적 접근을 목표로 한다(지미경, 2006). 모든 생명체는 따로 독립해 있지 않으며 서로 무관한 것이 아니라 연대 공동체이며 운명 공동체이다. 자연과 인간, 모든 생명체는 각각의 존엄함을 가지고 있고, 서로 영향을 주고받는 존재이며, 하나의 파괴는 다른 하나의 파괴로 이어진다는 것이다(진교훈, 1993).

문학치료는 기본적으로 집단과정이기 때문에 참여자 개인과 집단원 간의 관계를 통해 얻어지는 경험을 중요시한다. 개인과 개인은 서로 유기적으로 연결되어 있으며, 집단 속에서 개인의 가치와 의미를 찾기도 한다. 따라서 개인과 개인은 서로 존중하고 도움을 주고받는 소중한 대상이어야 한다. 문학치료도 '생명존중의식의 습득'이나 '모든 생명체는 운명 공동체'라는 인식과 마찬가지로 타인 혹은 공동체와의 조화와 균형을 지향한다는 공통점을 가지고 있다. 문학치료의 집단은 이미 하나의 작은 공동체이며, 이 공동체는 역동과 공감, 동일시와 다름을 경험하는 중요한 치료의 공간이 된다. 이것은 문학치료가 생명존중의식을 습득하는 데 아주 유용하다는 의미로 해석될 수 있다.

문학치료 프로그램은 공동체를 중요시하고 나와 타인 간의 조화와 균형, 내면과 외부 세계와의 조화 등을 중요시한다는 측면에서 죽음준비교육과 상당히 유사하다. 죽음준비교육에서 한 개인이 행복한 삶을 영위하고 가치 있는 삶을 만들어 간다는 것은 혼자서는 불가능하다. 그것은 가족이나 친구, 지인 등 그가 살고 있는 현세계의 다양한 교류를 통해 얻어지며, 관계를 건강하게 유지하는 것이야말로 삶의 행복을 만들어 가는 핵심적인 요소이기 때문이다. 웰-다잉 프로그램이나 죽음준비교육은 사실 죽음이라고 하는 본질적인 두려움과 해결할 수 없는 여러 문제를 이해함을 목적으로 하지만, 결국은 삶을 배우는 것이고 삶의 성찰을 통해 스스로가 삶의 주체가 되는 것을 목적으로 하고 있다. 또한 자신뿐만 아니라 타인 역시 소중한 하나의 생명체임을 인식함으로써 생명에 대한 근원적인 존중의 태도를 경험하게 해주며, 이러한 과정을 통해 삶에 관하여 통찰하고 이후 자살이라는 최악의 선택을 자연스럽게 예방하는 목적을 수행하는 것이다.

생명은 복잡하게 얽혀있으며 다양한 가치관과 특성을 포함한다. 이 때문에 생명에 대한 정의나 이해는 참으로 복잡하여 한마디로 정의하기 어렵고, 생명의 깊은 뜻은 은유나 비유적인 표현으로 이해할 수 있을 뿐이다(진교훈, 1993). 생명은 짧은 문장으로 서술할 수 없는 복잡한 의미이며 때로는 설명으로는 불가능한 의미도 포함하고 있다. 따라서 생명을 존중하는 생명존중의식 역시도 한마디로 쉽게 설명하기 어렵다. 따라서 직접적인 설명 외에 은유나 상징 등 비유적인 표현을 통해 더욱 본질에 가까운 의미를 설명할 수 있다는 것이다. 은유나 상징은 문학이나 영화 등 언어를 매개체로 하는 모든 문학적 텍스트의 문법이다. 인간은 언어를 사용하며, 언어는 이미 하나의 은유이다.

문학치료는 내담자의 정서나 감정을 다룰 때 때로는 우회적으로 접근하여 더욱 효과적인 치유를 이끌어 내기도 한다. 감정적으로 억압되거나 상처가 깊은 트라우마를 건드리는 과정은 우회적인 접근을 필요로 할 때가 많다. 우회적이란 직접 서술하거나 표현하지 않고 비유나 상징을 통해 대리물을 만들거나 은유적으로 표현하는 것을 의미한다. 생명의 의미를 이해하는 것이 비유나 은유로만 가능하다면, 문학치료를 통해 생명의 의미를 이해하는 것은 더욱 효과적이라 할 것이다. 왜냐하면 문학치료는 선택하는 매체나 텍스트, 치료사와의 상호작용과 대화, 집단원 간의 대화나 상호작용에서 상당 부분 비유나 상징 등 은유적인 기법을 사용하기 때문이다.

문학치료는 아동의 공격성을 감소시키는 데 효과적이다. 이것은 문학적 텍스트를 독자가 수용하는 과정에서 독자가 느끼는 정서와 반응, 행위 모두를 존중받기 때문이다. 심리적 문제를 은유적으로 이야기하거나 표현하면서 '지금-여기'의 왜곡된 자신을 인지하고 자신을 정서적으로 이해함으로써 다른 자신을 받아들이게 된다. 또 다른 사람들 속에서 공존하며 타인으로부터 인정받고 타인을 인정해 주는 경험을 하면서 자기 통합을 이루게 되기 때문이다(변학수, 2006). 문학치료 프로그램 효과에 관한 연구를 살펴보면, 이는 공격성 감소에 효과가 있으며 학교 폭력 가해 아동의 공격성을 감소시키기도 했다. 우울감을 낮추고 자기존중감, 자기효능감, 자아 개념을 향상시킨다는 연구 보고도 있다. 이것은 문학치료 프로그램이 다양한 심리적 문제를 해결하는 도구로 활용되고 있다는 증거이며, 그 가능성에 대한 논증이라 할 수 있겠다.

심리학자인 제임스 페니 베이커는 20년 이상 문학치료의 한 방법으로서 글쓰기치료가 인간의 면역체계에 미치는 영향을 살펴봄으로써 긍정적 결과를 얻었다. 즉 문학치료가 정신적 건강뿐 아니라 육체적 건강에도 직접적인 영향을 미칠 수 있음을 증명한 것이다. 그의 업적은 문학치료에 과학적인 근거를 제공하면서 글쓰기치료의 새로운 지평을 열어 주었다. 의학계에서도 페니 베이커의 연구에 대해 관절염, 천식, 그 외 암 환자, 우울증 환자 등 여러 분야에 걸쳐 의학적인 긍정적 효과를 인정하였다. 페니 베이커는 문학치료의 한 방법으로서 글쓰기의 치료적 힘에 대하여 커다란 공헌을 해오고 있다(이봉희, 2008).

이것은 문학치료 프로그램이 정서적인 문제와 육체적인 질병도 치료할 수 있다는 과학적 증거이다. 인간의 정신, 정서는 육체와 긴밀한 관계를 가지고 있다. 인간이 느끼는 정서나 감정은 우리의 면역체계, 자율신경계에 영향을 미치면서 질병에 잘 견디는, 혹은 그 반대의 결과를 이끌 수 있다. 정신건강을 돌보는 것은 결국 육체적 건강으로 이어진다. 문학치료 프로그램은 현대인의 정신병리, 또 정신병리의 결과로 나타나는 육체적 증상들도 함께 개선할 수 있을 것이다. 많은 선행 연구를 통해 문학치료 프로그램이 생명존중의식을 배우기 위한 생명존중 프로그램으로 활용하기에 상당히 적합하다는 것을 알 수 있다. 문학치료 프로그램은 생명 혹은 생명존중의 의미를 이해하고 경험하는 데 있어서 목표적 측면, 활용하는 매체적 측면, 또 진행되는 과정의 형식과 내용 측면 모두에서 목표 달성에 적합한 방법인 것이다.

문학치료는 현대인들에게 발생될수 있는 다양한 정신적 고통을
해소하고 또 건강한 삶을 살아가기 위한 정서돌봄의 방법으로도 매
우 유용하다 할 것이다. 더불어 공동체의 번영과 발전을 위한 생명
존중의식의 가치관이나 대인관계를 증진시일수 있는 공감력을 확장
하는데도 도움이 될 것이다. 문학치료는 인간의 삶을 건강하게 영위
하게 하는 좋은 정신건강 증진의 모델이 될 수 있을 것이다.

08

생명존중의식 기반
문학치료 프로그램의 개발

    프로그램의 구성은 크게 4단계로 나누어 구성되었으며, 첫 번째 도입 단계는 '생명의 의미 환기 단계', 두 번째 전개 단계는 '생명존중의 구체화 단계'. 세 번째 발전 단계는 '생명존중의 실천 단계', 네 번째 마무리 단계는 '생명존중의 내재화'로 구성되었다. 본 연구의 목적과 프로그램의 목표는 <표 3>과 같다.

표 3. 생명존중 기반 프로그램의 목표와 단계

연구의 목적		
생명존중의식과 삶의 의미를 향상시키고 자살위험성과 공격성을 감소시키는 생명존중 기반 문학치료 프로그램 개발		

프로그램의 목표		
1) 생명의 소중함을 인식한다 2) 공격적 행동 양식을 줄인다 3) 존중과 배려를 경험해 보고 실천해 본다 4) 삶의 의미와 행복을 찾는다		

단 계	회기	회기별 목표
도 입 생명의 의미 환기	1	생명의 의미 환기와 생명의 돌봄 경험하기
	2	생명의 잉태와 탄생의 과정을 통해 생명의 신비와 소중함 경험하기
전 개 생명존중의 구체화	3	보이지 않지만 소중한 가치 찾기
	4	조건이나 환경에 상관없이 모두가 소중한 존재임을 인식하기
	5	다양한 사람의 삶을 경험해 보고, 모두가 소중한 존재임을 깨닫기 용기와 희망을 품고 주어진 삶을 살아가는 힘을 얻기
발 전 생명존중의 실천	6	상처받는 과정과 그 극복 과정을 경험하고 존중과 배려를 배우기
	7	안타까운 자살을 통해 삶의 소중함을 배우기
	8	나도 누군가에게 힘이 될 수 있다는 자신감 갖기 상대방에 대한 배려, 사랑을 경험하고 실천하기
	9	서로를 존중하기 위한 대화 배워보기 건강한 의사소통 실천하기
마무리 생명존중의 내재화	10	생명의 성장에 필요한 것 알아보기 생명의 소중함과 존중의 의미를 실천하기

프로그램의 내용은 앞선 변인 연구에서 영향력이 검증된 생명존중의식을 주요 기반으로 구성되었다. 생명존중의식은 삶의 의미에는 정적 상관관계를 보여 생명존중의식이 높으면 삶의 의미도 높고 생명존중의식이 낮으면 삶의 의미도 낮게 나타났다. 또 자살위험성과 공격성에는 부적 상관관계를 나타내, 생명존중의식이 높으면 자살위

험성과 공격성이 낮고 생명존중의식이 낮으면 자살위험성과 공격성이 높아질 수 있다. 따라서 검증된 생명존중의식을 기반으로 하여 구성된 문학치료 프로그램 역시 자살위험성과 공격성은 낮추고 생명존중의식과 삶의 의미는 높여 건강한 삶을 사는 데 효과적인 치유 활동이 될 수 있을 것이다.

문학치료의 특성을 살려 지식 전달이나 교육적 차원의 접근이 아닌, 경험과 활동을 중심으로 참여 학생들이 생명존중의 의미를 스스로 체화하는 데 중점을 두었다. 특히 연구 대상이 중학생이고 공격적이고 집중력이 떨어지는 학생들임을 감안하여 지루하지 않고 호기심을 유발할 수 있는 매체를 활용하였다. 상담 프로그램 개발 모형(박인우, 1995)에 기초하여 프로그램 구안 절차가 이루어졌으며, 프로그램 구안 절차와 내용을 도식화하면 <표 4>와 같다.

표 4. 생명존중 기반 프로그램 구안 절차와 내용

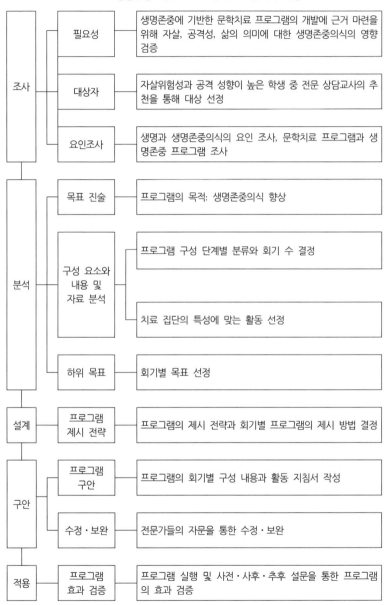

조사	필요성	생명존중에 기반한 문학치료 프로그램의 개발에 근거 마련을 위해 자살, 공격성, 삶의 의미에 대한 생명존중의식의 영향 검증
	대상자	자살위험성과 공격 성향이 높은 학생 중 전문 상담교사의 추천을 통해 대상 선정
	요인조사	생명과 생명존중의식의 요인 조사, 문학치료 프로그램과 생명존중 프로그램 조사
분석	목표 진술	프로그램의 목적: 생명존중의식 향상
	구성 요소와 내용 및 자료 분석	프로그램 구성 단계별 분류와 회기 수 결정
		치료 집단의 특성에 맞는 활동 선정
	하위 목표	회기별 목표 선정
설계	프로그램 제시 전략	프로그램의 제시 전략과 회기별 프로그램의 제시 방법 결정
구안	프로그램 구안	프로그램의 회기별 구성 내용과 활동 지침서 작성
	수정·보완	전문가들의 자문을 통한 수정·보완
적용	프로그램 효과 검증	프로그램 실행 및 사전·사후·추후 설문을 통한 프로그램의 효과 검증

알폰스 데켄은 생명존중의 가치관을 가르치는 죽음준비교육에 문학 작품이 아주 유용하며, 음악이나 미술 과목이 조화를 이루면 더 효과적이라고 했다(Alfons, 2008). 생명존중의식의 습득은 인지적 차원이 아닌 타인과의 조화와 균형을 지향하며 서로 관계 속에서 경험되어야 한다(지미경, 2006). 생명에 대한 정의나 이해는 참으로 복잡한 것으로 은유나 비유적인 표현으로 이해할 수 있을 뿐이다(진교훈, 1993).

은유나 상징은 문학이나 영화 등 언어를 매개체로 하는 모든 문학 텍스트의 특성이다. 인간은 언어를 사용하고 언어는 이미 하나의 은유물이다. 그리고 문학치료는 은유와 상징, 문학적 텍스트를 치료도구로 사용하고 있으며, 치료사와 참여자 간의 관계에서도 이런 원리가 활용되고 있다. 문학치료는 기본적으로 집단과정이기 때문에 참여자 개인과 집단원 간의 관계를 통해 얻어지는 경험을 중요시하며, 집단이라는 하나의 작은 공동체 속에서의 역동과 공감이 치료의 주요한 요인이다. 이 때문에 생명존중 기반 문학치료 프로그램을 구성함에 있어서 앞선 주장들이 지향하는 목적과 내용에 부합한다. 따라서 생명존중을 기반으로 하는 문학치료 프로그램 구성이나 활동에서도 이러한 요소들을 적극 고려하였다.

생명존중 기반 문학치료 프로그램의 타당화를 위해 상담전문가, 문학치료사, 중등교사, 생명운동 활동가, 웰-다잉 전문가 등 관련 전문가 10인에게 자문을 요청하였으며, 자문 결과를 수용하여 수정 보완하였다. 생명존중을 기반으로 문학치료 프로그램은 계획된 구안 절차를 거치고 자문을 통해 요구사항을 충분히 수렴하여 수정 보완 하였으며, 프로그램의 전체 목표 달성과 각 회기별 목표와 내용, 자료 선정 및 적합성을 판단하기 위해 4점 척도화하여 10인의 전문가에게 평점을 매기도록 의뢰하였다. 그 결과 평점 3.6점으로 '적합하다'와 '매우 적합하다' 사이 수준이란 평가를 얻었다.

구안 절차와 타당화를 거친 최종 치료 프로그램의 회기별 목표와 활동 내용은 <표 5>와 같다.

표 5. 프로그램 회기별 활동 주제와 내용

단계	회기	주제	목표	활동 내용
도 입 생명의 의미 환기	1	나도 생명 지킴이	생명의 의미 환기와 생명의 돌봄 경험하기	프로그램 이해, 규칙 알기, 장미허브 심기, 이름표 만들고 돌보기, 장미허브에게 편지 쓰기
	2	생명의 이해	생명의 잉태와 탄생의 과정을 통해 생명의 신비와 소중함 경험하기	<생명의 기적>, <다큐멘터리 태아> 동영상 감상과 느낌 나누기, 나의 어린 시절 회상과 특징 써 보기
전 개 생명 존중의 구체화	3	생명의 또 다른 모습, 마음과 영혼	보이지 않지만 소중한 가치 찾기	동화 <아름다운 이별이야기>를 읽고 영혼이나 마음처럼 보이지 않지만 소중한 가치 찾아보기, 마음 느껴 보기, 소중한 사람에 대한 느낌 적어 보기
	4	생명의 삶, 지구촌 사람들	조건이나 환경에 상관없이 모두가 소중한 존재임을 인식하기 위해 다양한 삶을 경험해 보고, 모두가 소중한 존재임을 깨닫기. 용기와 희망을 품고 주어진 삶을 살아가는 힘을 얻기	천사원 태호, 닉 부이치치 동영상 감상과 느낌 나누기, 장애란 무엇인지 써 보기
	5			애니메이션 <나무 심는 사람> 감상과 느낌 나누기, 주인공에게 편지 쓰기, 만약 내가 주인공이었다면?
발 전 생명 존중의 실천	6	생명의 성장	상처받는 과정과 그 극복 과정을 경험하고 존중과 배려를 배우기	동화 <나무야 안녕> 감상, 상처받은 자두나무가 고통을 극복하는 과정을 통해 용기와 희망, 존중 배우기, 자두나무에게 편지 쓰기

단계	회기	주제	목표	활 동 내 용
발 전 생명 존중의 실천	7	생명의 소중함	안타까운 자살을 통해 삶의 소중함을 배우기	<미모사 이야기> 동영상 감상과 느낌 나누기, 생명이란?, 자신과 친구의 장점 찾기
	8	생명 존중의 노력	나도 누군가에게 힘이 될 수 있다는 자신감 갖기. 상대방에 대한 배려, 사랑을 경험하고 실천하기	생명의 다리 동영상 감상, 자살 위기의 사람들에게 위로의 말 건네기, 희망의 롤링 페이퍼 만들기
	9	생명 존중의 대화	서로를 존중하기 위한 대화 배워보기. 건강한 의사소통 실천하기	<말의 힘> 동영상 감상, 역할극을 통한 배려와 존중의 대화법 익히기, 종이 인형으로 역할극 해보기
마무리 생명 존중의 내재화	10	생명 존중을 위한 다짐	생명의 성장에 필요한 것 알아보기. 생명의 소중함과 존중의 의미를 실천하기	장미허브 성장 관찰하고 성장 일기 쓰기 생명존중을 생활 속에서 실천할 수 있도록 다짐하고 생명존중 서약서 서명하기

선행 연구를 통해 생명존중의식이 자살, 공격성, 삶의 의미에 영향력을 미치는 변인임이 밝혀졌다. 이는 생명존중의식을 향상시킴으로써 자살률과 공격성을 낮추고, 삶의 의미를 높일 수 있음을 시사하는 것이다. 이에 생명존중의식을 높이고 자살위험성과 공격성을 줄이면서 삶의 의미 높여 줄 수 있는, 생명존중의식을 기반으로 하는 문학치료 프로그램을 구성하게 되었다. 생명존중 기반 문학치료 프로그램을 통해 중학생들의 생명존중의식을 향상시켜, 삶의 의미는 높이고 자살위험성과 공격성은 감소시키고자 한다. 이를 통해 늘어가는 청소년 자살과 학교 폭력을 예방하고 행복하고 건강한 삶을 사는 데 도움을 주고자 하였다. 회기별 활동 계획과 사용된 매체의 선정 이유는 다음과 같다.

1회기와 2회기는 도입 단계로 생명의 의미를 환기하는 단계이다.

1회기는 회기별 목표인 생명의 의미 환기와 생명 돌봄의 경험을 위해 '장미허브'를 심는다. 각자에게 화분을 나누어 주고 원하는 이름을 정하여 이름표를 만들어 꽂게 한다. 그리고 화분 성장에 필요한 물 주기와 햇볕 쬐기 등에 대해 알려 준다. 회기마다 각자의 화분이 잘 자랄 수 있도록, 돌봄을 위해 해야 하는 일을 알려 준다. 장미허브에게 편지를 쓰고, 오늘의 활동 소감을 각자 써 보고 나눈다. 장미허브를 선정한 이유는 비교적 생명력이 강한 품종으로 주1회 물을 주고 창가에 놓아두기만 하면 잘 자라기에, 회기 중 죽는다거나 잘 성장하지 않는 문제가 최소화될 수 있기 때문이다. 허브 중에는 빛을 적게 보면 금방 시들거나 죽어버리는 품종도 있지만, 장미허브는 그늘에서도 잘 자라는 특성이 있어서 교실 같은 실내에서 기르기에 좋은 식물이라고 할 수 있다. 연구자는 로즈메리와 장미허브 2종을 3개월간 직접 키워 보면서 성장 정도를 살펴보았다. 로즈메리는 빛에 민감해서 금방 시들거나 죽어버려서 키우기가 어려운 반면, 장미허브는 햇볕이 없는 곳에서도 잘 성장하였다. 장미허브는 단기간 성장을 경험하고 돌봄의 기쁨을 얻기에 적합한 식물임을 알 수 있었다. 특히 향기가 좋아서 많은 사람이 즐겨 기르는 허브이기도 한데, 손으로 만져 보거나 바람을 불어 주면 향기로운 냄새가 난다. 향이 마치 사탕 향기 같아서 아이들이 좋아할 수 있는 종류이다. 장미허브는 식물을 길러본 경험이 많이 없어도 누구나 쉽게 키울 수 있고, 달콤한 향 때문에 더 친밀감을 느끼며, 잘 죽거나 시들지 않는 특성을 가졌으므로 프로그램 활동에 적합한 식물이라고 생각되어 선정하였다. 물론 이외에도 문학치료사나 활동 리더는 개별적으로 적합한 식물을 선정할 수 있다. 다만 프로그램의 목표 달성에 도움이 될 수 있다는 검증된 종류를 선택해야 한다.

프로그램 실시 중에 아이들이 화분을 심고 가꾸는 경험은 생명에 대한 돌봄의 중요성과 소중함을 경험해 보는 좋은 기회가 될 수 있을 것이다. 이런 생명 돌봄 경험은 생명에 대한 인식을 변화시키고, 타인을 배려하고 소중히 여기게 되는 생명존중의 가치관을 가지는 데 도움을 줄 것이다. 자신의 작은 돌봄이 생명을 자라게 하는 데 도움이 되었다는 걸 경험하면서 느끼게 되는 자기 만족감이나 즐거움은 이후 가족이나 학교, 사회 공동체 속에서 타인에 대한 배려와 돌봄을 실천할 수 있는 작은 계기가 될 수 있을 것이다.

2회기는 생명에 대한 이해를 돕는 활동으로 동영상을 감상하고 생명 탄생 과정의 신비와 생명의 소중함을 경험해 보는 단계이다. 생명존중의식은 자신과 타인 모두에 대한 소중함을 인식하는 것에서 시작된다. 아기의 탄생 과정은 신비롭고 경이롭다. 생명의 수정에서부터 탄생 시점까지는 어느 순간도 중요하지 않은 순간이 없다. 산모와 아이 모두에게 힘겨운 시간인 탄생의 과정도 생명의 가치를 더욱 소중히 여기게 하는 시간이다. 자신을 함부로 하거나 타인에 대한 배려나 존중 없이 함부로 대하는 사람에게 있어서 이러한 생명 탄생의 과정을 경험해 보는 것은 그러한 자신의 가치관을 돌아보게 하고 생명존중의 가치관을 가지게 하는 데 큰 도움을 줄 수 있을 것이다. 영상을 본 이후에는 자신에 대한 탐색으로 어린 시절에 대해 회상해 보면서 자신의 특징을 찾아보고, 각자 기억 나는 어린 시절의 일에 관하여 서로 이야기를 나누어 본다. 그리고 생명에 대한 느낌이나 생각도 글로 써 보거나 이야기해 본다. 자신에 대해 이해하는 것은 상당히 중요하다. 스스로에 대한 자긍심이나 소중함은 자신을 제대로 알고 스스로를 신뢰하는 데서 시작된다. 자신에 대해 알지 못한다면 스스로를 사랑할 수 없다. 따라서 자신에 대해 탐색하는 시간을 가져 보는 것은 생명에 대한 인식 변화에 긍정적인 영향을 미칠 것으로 생각된다. 이외에도 인간 존재의 탄생 과정이나 생명의 발달 과정 등으로 구성된 다양한 영상을 활용할 수 있다. 애니메이션이나 동화로도 매체를 변경할 수 있다. 생태, 생명에 대한 다양한 작품이 출간되고 있기 때문에 문학치료사는 한 가지 콘텐츠에 집착하기보다는 대상과 장소, 시기에 따라 적절한 콘텐츠를 선택할 수 있도록 콘텐츠 개발에도 늘 노력을 기울여야 한다. 그러나 각 단계의 주제는 반드시 기억하고 주제에 맞는 콘텐츠를 선정해야 한다.

감상할 동영상은 2분 52초간의 <생명의 기적> 동영상이다. 이 영상은 프로라이프 활동가들이 만든 영상으로 짧은 시간에 잉태에서부터 탄생까지를 압축한 영상으로 잔잔한 음악과 함께 생명의 소중함과 신비로움을 경험할 수 있다. 그리고 <다큐멘터리 태아> 제2편 "교감" 중에서 내용을 일부 편집하여 5분 정도 감상한다. 이 다큐멘터리는 3D한국국제영화제에서 장편 부문 대상을 수상한 작품으로, 실감 나고 자세한 설명으로 태아의 탄생 과정을 감동적으로 그려냈다. 중간중간 실제 산모와 아빠들의 인터뷰가 곁들여져 있어서 임신과 출산의 과정을 살펴보고 태아의 입장뿐만 아니라 부모의 감정도 공감해 볼 수 있는 영상이다. 최근에는 유사한 더 좋은 영상들이 제작되고 있어서 갈수록 콘텐츠가 풍성해지고 있다.

3, 4, 5회기는 전개단계로 생명존중의 구체화 단계이다.

3회기에는 생명의 의미를 구체화하여 이해하는 활동을 해본다. 영혼과 마음의 의미를 되돌아보는 것은 생명의 의미를 이해하는 데 도움이 될 것이다. 우리 주변에는 보이지 않지만 소중한 가치가 많이 있다. 하지만 결과지상주의, 물질만능시대에 살고 있는 현대인들은 보이는 가치에만 치중하고 있는 것이 사실이다. 성적이나 물질적 성공, 명예 등을 중요시하다 보면 정작 과정의 중요함이나 실패 등에 대해서는 회피하거나 가치가 없는 것으로 생각하기 쉽다. 마음이나 사랑, 영혼과 같은 의미는 보이거나 쉽게 설명할 수 있는 것이 아니다. 따라서 보이지 않는 가치에 대해 생각해 보는 것은 삶과 생명에 대한 깊은 통찰과 애정을 가지게 하는 데 도움이 될 것이다. 마음이나 영혼에 대해 각자 생각해 보거나 경험한 일을 나누고. 자신에게 가장 소중한 사람이나 고마운 사람, 좋아하는 사람을 떠올려 보고 그들을 떠올릴 때의 느낌을 각자 글로 써 보고 나눈다. 이를 통해 나에게 영향을 미치는 대상이나 사람의 보이지 않는 힘을 느껴 보면서 지지와 격려가 되는 가치에 대한 소중함을 경험해 본다.

프로그램마다 주제에 맞는 콘텐츠를 선정하는 것도 매우 중요하지만, 이 과정을 통해 개별적으로 느낀 감정이나 생각, 변화는 더 중요한 치유의 결과이므로 글쓰기나 공감, 쉐어링 등을 통해 기록하여야 한다. 프로그램 과정에서 도출되는 개인의 경험은 매우 중요한 치유의 과정이자 흔적이기 때문에 빠지지 않고 추수하는 것이 매우 중요하다. 따라서 줄 없는 노트나 스케치북, 다이어리 등 활동을 기록할 수 있는 재료를 사전에 충분히 고려하여 준비해야 한다. 치료의 과정에 같이하는 노트는 매우 중요한 재료가 될 수 있다는 사실을 잊지 말아야 한다.

3회기에는 동화 <아름다운 이별이야기>를 활용한다. 이 작품은 연구자가 상담 현장에서 활용하기 위해 만든 것으로 엄마와 아이의 대화를 통해 죽음에 관해 이야기해 보며 상실에 대한 의미를 아름답게 그려내는 동화이다. 보이지 않지만 존재하는 마음이나 영혼의 의미를 이해하는 데 도움이 되는 내용이다. 인간에게는 보이지 않지만 소중한 가치가 많다는 것을 깨닫게 되면 더 많은 것에 대한 감사와 애정을 경험하게 되고, 물질적 가치만 중요하게 생각하던 가치관에도 변화를 줄 수 있을 것이다. 삶의 진정한 의미나 생명에 대한 사랑, 생명의 소중함을 생각하는 가치관은 생명이 가지는, 보이지 않는 소중한 가치도 볼 줄 아는 성숙한 가치관이기 때문이다.

4회기는 생명존중의 의미를 더욱 구체화하기 위해 외적인 조건이나 환경, 장애 유무에 따른 차별이 없음을 경험하는 시간을 가져 본다. 생명존중의식은 인종이나 학력, 장애, 나이, 성별, 빈부 등에 의해 생명의 가치를 판단하지 않는다. 따라서 지구촌 사람들의 다양한 삶의 모습을 감상해 보면서 간접적으로 인종이나 장애, 빈부, 학력 등에 상관없이 모두가 평등하고 소중한 생명임을 느껴 본다. '닉 부이치치'와 '천사원 태호'의 동영상을 감상하고 각자의 느낌과 생각을 나눈다. '닉'과 '태호' 둘은 팔다리가 없는 기형을 가지고 태어났지만 상당히 밝고 긍정적이다. '닉'은 13세 이전에 이미 자살 시도를 3번이나 할 만큼 자신의 장애 극복이 쉽지 않았고, '태호' 역시 장애로 버려져 시설에서 자라나는 아이였다. 하지만 둘 다 삶을 긍정적으로 살아간다.

장애가 타인에게 피해를 입히거나 불쾌감을 유발하고 차별하는 원인이 아니라, 오히려 감동과 교훈, 행복과 감사함을 선사할 수 있음을 경험해 본다. 장애가 차별의 이유가 될 수 없음을 깊게 깨닫는 시간을 가져 보면서 장애인들의 삶도 모두 소중하다는 생명존중의 가치관을 경험한다. 장애인들의 희망과 용기의 삶을 통해 생명에 대한 소중함과 삶의 진정한 가치를 느껴 보면서 생명에 대한 편견을 줄이고 자신의 삶에 대한 감사의 마음을 갖는 기회가 될 것이다. 장애나 고통을 극복한 사례는 지속적으로 보고되고 있어서 시의적절하게 선택하면 될 것이다. 다만 너무 많이 알려진 영상이나 인물은 다소 식상해 감동이나 공감의 효과가 떨어질 수 있기 때문에 이러한 점을 고려하여 콘텐츠를 선정하여야 한다.

5회기는 생명존중의 의미를 더욱 구체화하기 위해 동영상 감상 후 주인공에게 편지를 쓰고 각자의 느낌도 써 본다. 장 지오노의 <나무 심는 사람>은 1987년 제작된 애니메이션으로 다소 길고 지루한 감이 있어 감상하는 동안 집중하기 어려울 것 같다는 의견이 있었기에, 내용이 비슷한 다큐멘터리 영상으로 재선정하였다. 제목은 <나무 심는 여인>이며 이 영상은 장 지오노의 동화와 상당히 유사한 내용이다. 생명이 전혀 살지 않는 사막으로 시집온 한 여인이, 어떤 희망도 가질 수 없는 황무지에 작은 생명의 씨앗을 뿌리면서 시작된 노력이 10년이라는 세월 끝에 마침내 옥토를 일구어 낸 기적 같은 삶을 담은 영상이다. 외톨이였던 그녀가 고통 앞에서 굴하지 않고 당당하게 일구어 낸 기적을 보면서, 노력의 대가는 헛되지 않다는 것과 아무리 힘든 환경에서도 포기하지 않으면 기적이 일어날 수 있다는 용기와 희망을 배워 볼 수 있다. 척박한 사막 위에 생명을 자라게 한 것은 한 사람의 사랑과 노력, 인내였음을 배울 수 있다. 그녀가 그 힘든 과정을 견뎌낼 수 있었던 힘은 바로 사람에 대한 그리움과 애정이었다. 인간은 혼자 살아갈 수 없는 존재이다. 항상 누군가의 기여와 더불어 살아가는 것이다. 한 사람이 움직이고 먹고 마시고 잠자는 것에도 간접적으로는 많은 사람의 노력과 기여가 있다. 더불어 살아가는 즐거움과 사람의 소중함을 배워 볼 수 있다. 주인공에게 편지를 써 보면서 칭찬과 격려, 감사와 존경의 마음을 표현하는 연습을 해본다. 대인관계 속에서 서로를 지지하고 격려하고 존중하는 마음을 표현하는 연습을 통해 거칠고 과격한 표현 방식과 낯설었던 사랑의 표현 방식을 배워봄으로써 대인관계의 긍정성도 강화할 수 있고 타인을 지지하고 존중하는 마음의 즐거움과 따뜻함도 경험해 볼 수 있을 것이다.

6, 7, 8, 9회기는 발전 단계로 생명존중의 가치를 실천해 보는 단계이다.

6회기는 생명존중의 가치를 실천하는 단계로 고난과 역경을 이겨내고 성장하는 생명체의 모습을 경험해 본다. 6회기에는 생명존중을 주제로 한 동화, 도종환의 ≪나무야 안녕≫을 활용한다. 동화를 읽고 자두나무에게 해주고 싶은 위로와 격려의 말을 써 보도록 한다. 동화의 내용은 무심결에 한 행동이 누군가에게는 큰 상처가 될 수 있음과 자두나무가 상처를 극복하는 과정을 보여 준다. 상처와 고통을 이겨내는 자두나무의 이야기를 통해 삶의 가치와 용기, 희망을 배울 수 있으며, 생명에 대한 진정한 존중과 배려도 배울 수 있다. 살아가면서 누구나 어려움과 고통을 겪게 되지만 이에 굴복하고 포기하는 사람이 있는가 하면 고난에도 불구하고 열심히 삶을 살아가고 더 행복한 삶을 만들어 가는 사람들도 있다. 주어진 환경이 우리를 만드는 것이 아니라, 우리가 그것을 어떻게 바라보고 다루느냐에 따라 삶은 얼마든지 긍정적으로 변모할 수 있다는 희망을 심어 주기에도 좋은 텍스트이다. 더불어 우리가 의도하지 않았지만 상대방에게 상처를 주거나 다치게 할 수 있는 일에 대해 생각해 보면서, 상대방의 입장에서 생각해 볼 수 있는 역지사지(易地思之)의 정신을 경험해 볼 수 있다. 자신이 재미로 한 행동이 누군가에게 상처가 되고 죽음에까지 이르게 할 수 있으므로 타인에 대한 말이나 행동이 얼마나 중요한지 깨닫고, 서로 다치지 않는 안전한 관계를 맺는 방법에 대해서도 배워 본다. 동화는 그림도 중요한 요소이기 때문에 동화를 선정할 때 내용과 더불어 그림이나 삽화 부분도 신경 써서 선택하면 더욱 효과적이다. 문학치료사는 시와 문학, 동화, 그림책, 음악, 시사적인 뉴스 등 다양한 방면에 늘 관심을 가지고, 언어로 기술되거나 은유나 상징이 잘 표현된 매체를 보고 듣고 읽는 과정을 게을리하지 않아야 한다.

7회기도 생명존중의 의미를 실천하는 단계로 자살에 대한 이해를 통해 생명의 소중함을 느껴 보는 기회를 제공한다. 자살에 대한 이야기를 영상으로 감상한 후, 각자의 느낌을 나누고 자살 학생 가족의 마음에 대해서 서로의 생각을 나누어 보도록 한다. <미모사 이야기>는 자살예방을 위해 만들어진 동영상으로 조금이라도 관심을 받지 못하면 죽게 되는 미모사라는 식물의 이름을 제목으로 하고 있다. 입시를 앞둔 한 여고생의 자살 과정과 그 가족과 친구들의 이야기를 통해 가장 소중한 것이 무엇인지 되새겨 보면서, 스스로 생명을 버리는 자살이라는 것이 어떤 모습인지 사실적으로 바라보며 생명에 대한 소중함을 되새겨 볼 수 있는 영상이다. 삶의 역경을 극복하기 위해 스스로의 긍정성을 강화하는 장점 찾기, 친구의 장점 찾기 등을 해본다.

살아가다 보면 누구나 힘들고 고통스러운 순간을 경험하게 된다. 하지만 자살은 해결책이 아니며 남은 가족이나 주변 사람들에게는 씻을 수 없는 고통을 안기는 고통의 시작임을 알게 한다. 힘든 순간, 자살이나 일탈 행위 등 자신과 타인을 고통에 빠뜨리는 선택보다는 학교, 가족, 친구, 지인에게 상담 혹은 도움을 요청하거나 다른 해결책을 찾아보는 시도를 해볼 수 있도록 한다.

8회기도 생명존중의 의미를 발전시켜 생명존중의 의미를 실천하는 단계이다. 8회기에는 마포대교에 관한 <생명의 다리> 동영상을 활용한다. 동영상 감상 후, 자살 위기의 사람들에게 해주고 싶은 말을 생각해 보고 각자가 생각한 말을 롤링 페이퍼로 만들어 본다.

마포대교는 자살자가 가장 많은 다리로 유명하다. 한 기업체와 서울시의 노력으로 마포대교를 새롭게 변모시키고자 하는 시도가 있었다. 경찰관을 24시간 배치하자는 의견에서부터 다리 난간을 더 높이자는 의견 등 다양한 의견이 나왔다. 하지만 자살을 시도하는 사람들의 마음을 생각해 보면 그런 물리적인 방법보다 그들의 마음을 움직일 수 있는 방법을 모색하는 것이 바람직하다는 의견이 도출되어 생명의 다리를 만들게 되었다. 다리를 찾는 사람들의 보폭에 맞추어 걸을 때마다 불빛이 들어오도록 등을 설치하고 아크릴판에는 그들을 위로하는 말을 써 다리 난간에 설치하였다. "요즘 힘들지?", "힘들지?", "밥은 먹었어?", "보고 싶은 사람 없어?", "좀 쉬어, 휴식이 필요해.", "사랑해.", "응원해 줄게.", "잘될 거야." 등 그들에게 말을 걸고 위로하며 공감할 수 있는 글귀들을 만들어서 설치한 이 구조물은 많은 이에게 감동을 주었다.

<생명의 다리> 동영상을 통해, 누군가의 아픔에 공감하고 그들을 위해 사랑과 배려를 담은 말을 건넬 수 있다는 것이 얼마나 가치 있는 일임을 깨닫게 한다. 또 나와 타인 모두의 소중한 생명을 지키기 위해 작은 것이라도 실천할 수 있는 삶을 살도록 한다. 격려와 지지, 사랑과 배려, 나눔을 실천하는 삶이야말로 사회 구성원 모두가 행복해지는 삶임을 경험해 보기에 좋은 동영상이라고 생각된다. 생명존중의식은 간직만 하는 것이 아니라 실천할 때 비로소 가치를 가지는 것이다. 생각한 바, 배우고 아는 바를 실천하지 않는다면 아무 소용이 없을 것이다. 아이들이 작은 것에서부터 스스로 생명존중을 실천할 수 있도록 도와주어야 한다. 타인이 어려움을 겪을 때 도와주고

나 역시 힘들고 어려울 때 누군가의 도움을 받으면서 서로 지지하고 함께 살아가는 소중한 생명존중의 문화를 만들어 가게 될 것이다.

9회기에는 생명존중의 실천 마지막 단계로, 서로를 존중하는 대화를 연습해 본다. 우선 <말의 힘> 동영상을 감상한 후, 들었을 때 기분 좋은 말과 기분 나쁜 말은 어떤 것이 있는지 이야기해 본다. 폭력적이지 않고 편안하고 안전하게 자기 생각이나 감정을 표현할 수 있도록 각자 종이 인형을 만들어 역할극을 해본다. 기분이 나쁘거나 슬플 때, 화가 날 때 각자 어떤 방식으로 표현하는지 서로 이야기해 보고, 안전한 감정 표현에 대해 배우고 연습해 본다. 감정은 좋고 나쁜 것이 없다. 다만 그 감정을 표현하는 방식은 좋고 나쁜 것이 있다. 감정을 표현할 때는 나에게 혹은 타인에게 해를 끼치지 않아야 한다. 상대방을 비난하거나 상처 주지 않으면서 나의 감정이나 생각을 안전하게 표현하는 방법을 배워 보고, 일상생활에서도 실천할 수 있도록 한다. 공격성이 높거나 스트레스가 많거나 부정적인 심리 상태에서는 감정 표현이 서툴어지거나 거친 언행과 행동을 하기 쉽다. 안전하게 감정을 표현하는 것이 타인과 자신의 안전을 보장하며 서로 존중하는 기본적인 태도임을 알려 주고 일상 속에서 실천해 보도록 한다.

10회기는 마무리 단계로 목표는 생명존중의 내재화이다. 회기별로 경험한 생명의 소중함과 생명존중의 의미, 존중과 배려의 의미를 담아 생명존중 서약서를 만들고 서명한다. 생명존중 서약서에 서명하고 큰 소리로 같이 읽어봄으로써 회기 동안 경험한 생명존중의 의미를 다시 한번 떠올리면서 내재화하여 앞으로 일상생활 속에도 이런 생명존중의 가치를 실천할 수 있도록 한다.

10회기 동안 보살펴 온 장미허브의 변화를 사진을 통해 비교해 보고 각자 성장 일기를 쓴다. 생명 성장에 필요했던 것이 무엇인지, 기여한 것은 무엇인지, 돌봄과 보살핌의 의미를 되새겨 보고 자신의 화분에게 편지를 쓴다. 생명은 사랑과 정성을 기울일 때 잘 성장하듯이, 인간에게도 이런 돌봄이 필요함을, 서로서로 지지와 격려를 해주며 존중하는 생활은 우리 모두를 성장시키는 소중한 생명존중의 가치임을 알게 한다. 일상생활에서 생명존중의 가치를 실천하는 다짐을 해본다. 이후 전체 회기에 대한 느낌을 나누고 서로 격려의 말을 나누고 마무리한다.

09

생명존중기반 문학치료 프로그램의 적용과 효과

　연구 대상은 대구 시내 ○○중학교 3학년 남학생으로, 자살위험성이 있거나 공격성이 높은 것으로 조사된 학생 가운데 전문 상담교사의 추천을 받은 학생들이다. 총 16명이 선정되었으며, 그중 8명은 치료 집단, 8명은 통제 집단으로 무선배치 후 실험을 실시하였다. 치료 집단에게는 생명존중 기반 문학치료 프로그램을 실시하고, 통제 집단에 대해서는 특별한 프로그램을 실시하지 않았다. 집단의 동질성 확보를 위해 학년과 성별을 고려하였다.

　프로그램 실시 전, 자세한 안내를 통해 학교의 허가를 받고 참가자들에게도 자발적인 동의를 얻었다. 프로그램은 주 1회, 총 10회기로 회기당 80분씩 실시하였으며, 학교 내에 있는 Wee클래스 상담실에서 진행되었다. 프로그램 실시에 따른 대상자의 변화를 살펴보기 위해 실험 전 사전 검사, 실험 후 사후 검사, 실험 종료 후 1개월 뒤 추후 검사를 실시하였다.

생명존중 기반 문학치료 프로그램이 생명존중의식, 자살, 공격성, 삶의 의미에 미치는 효과를 살펴보기 위해 생명존중 기반 문학치료 프로그램을 독립변인으로 하고, 생명존중의식, 자살, 공격성, 삶의 의미의 사전 점수를 공변인으로, 그리고 생명존중의식, 삶의 의미, 자살 생각, 공격성의 사후 및 추후 점수를 종속변인으로 SPSS 19.0 프로그램을 이용하여 공변량 분석을 실시한 다음 유의수준 .05에서 통계적 유의성을 검증하였다.

프로그램 실시 전과 후, 종결 4주 후, 실험 집단에 생명존중의식, 자살위험성, 공격성, 삶의 의미 점수를 측정하였다. 프로그램 실시 집단과 비실시 집단의 사전 점수, 사후 점수, 추후 점수를 통제한 후 사전-사후-추후 교정 점수의 평균과 표준편차는 <표 6>과 같다.

표 6. 프로그램에 따른 각 요인별 사전·사후·추후 점수

집단	요인	사전 점수	사후 점수	교정된 사후 점수	추후 점수	교정된 추후 점수
		M(SD)	M(SD)	M(SD)	M(SD)	M(SD)
실시	생명존중	39.63(3.85)	48.37(4.24)	48.94(1.77)	48.13(5.59)	48.14(1.70)
	자살위험성	66.00(12.68)	60.37(7.21)	59.07(4.03)	63.88(8.04)	62.96(3.60)
	공격성	72.63(12.21)	66.37(7.35)	66.32(3.01)	68.75(14.41)	68.73(4.11)
	삶의 의미	65.50(12.63)	71.88(5.99)	72.26(2.23)	75.12(3.18)	75.17(4.25)
비실시	생명존중	41.63(6.39)	42.25(6.75)	41.69(1.77)	41.63(3.25)	41.61(1.70)
	자살위험성	61.12(19.82)	58.12(18.55)	59.43(4.03)	54.75(14.26)	55.66(3.60)
	공격성	72.25(22.49)	77.63(11.70)	77.68(3.01)	83.50(6.97)	83.52(4.11)
	삶의 의미	67.00(11.29)	67.38(10.59)	66.99(2.23)	65.25(16.06)	65.21(4.25)

결과를 살펴보면, 생명존중의식의 경우 사후 실시 집단의 평균 점수는 48.37(*SD*=4.24), 비실시 집단의 평균은 42.25(*SD*=6.75)이고, 추후 실시 집단의 평균은 48.13(*SD*=5.59), 비실시 집단의 평균은 41.63(*SD*=3.25)이다. 삶의 의미의 경우 사후 실시 집단의 평균은 71.88(*SD*=5.99), 비실시 집단의 평균은 67.38(*SD*=10.59)이고, 추후 실시 집단의 평균은 75.12(*SD*=3.18), 비실시 집단의 평균은 65.25(*SD*=16.06)이다. 공격성의 경우 사후 실시 집단의 평균 점수는 66.37(*SD*=7.35), 비실시 집단의 평균은 77.63(*SD*=11.70)이고, 추후 실시 집단의 공격성 평균은 68.75(*SD*=14.41), 비실시 집단의 평균은 83.50(*SD*=6.97)이다. 자살위험성의 경우 사후 실시 집단의 평균은 60.37(*SD*=7.21), 비실시 집단의 평균은 58.12(*SD*=108.55)이고, 추후 실시 집단의 평균은 63.88(*SD*=8.04), 비실시 집단의 평균은 54.75(*SD*=14.26)이다.

두 집단 간의 사후, 추후 점수만을 비교하여 집단 간 차이가 있다고 말하기는 무리가 있으므로, 사전 점수를 공변인으로 하여 사전 점수를 통제한 후에도 집단 간에 차이가 있는지 알아보기 위해 사후 점수와 추후 점수에 대한 공변량 분석을 실시하였다. 공변량에 대한 사전-사후, 사전-추후를 분석한 결과는 <표 7>과 같다.

표 7. 프로그램에 실시에 따른 생명존중, 자살위험성, 공격성,
삶의 의미의 사후 · 추후 효과 검증

변인	분산원	사후				추후			
		SS	MS	F	p	SS	MS	F	p
생명 존중	사전 점수(공변인)	124.04	124.04			.07	.07		
	집단	202.14	201.14	8.18*	.01	163.68	163.68	7.27*	.02
	오차	321.33	24.72			292.68	22.51		
	수정 합계	595.44				461.75			
공격성	사전 점수(공변인)	391.52	391.52			33.21	33.21		
	집단	516.10	516.10	7.11*	.02*	873.91	873.91	6.45*	.03*
	오차	944.23	72.63			1760.29	135.41		
	수정 합계	1842.00				2663.75			
자살 위험성	사전 점수(공변인)	1105.68	1105.68			545.03	545.03		
	집단	.49	.49	.01	.95	207.87	207.87	2.03	.18
	오차	1667.07	128.24			1331.34	102.41		
	수정 합계	2793.00				2209.44			
삶의 의미	사전 점수(공변인)	522.19	522.19			6.19	6.19		
	집단	110.38	110.38	2.78	.12	394.90	394.90	2.75	.12
	오차	514.56	39.58			1870.19	143.86		
	수정 합계	1117.75				2266.44			

*$p<.05$.

　사전 점수의 영향을 통제한 후 교정된 사후 점수와 추후 점수의 통계적 유의성을 검정한 결과, 집단-간 효과 검증표를 살펴보면, 생명존중의식의 경우 사후의 F 통계값은 8.18, 유의확률은 .01로 나타났으며, 효과의 지속성을 확인하기 위해 추후 검사에서 나타난 집단-간 효과 검증표를 살펴보면, F 통곗값은 7.27, 유의확률은 .02로서 사후와 추후 모두 유의수준 .05에서 집단 간 생명존중의식에 유의한 차이가 있는 것으로 나타났다.

공격성의 경우, 사후의 F 통계값은 7.11, 유의확률은 .02로서 유의수준 .05에서 집단 간 공격성에 유의한 차이가 있는 것으로 나타났다. 프로그램의 지속성을 확인하기 위해 추후 검사를 살펴보면, F 통계값은 6.45, 유의확률은 .03으로서 유의수준 .05에서 집단 간 공격성에 유의한 차이가 있는 것으로 나타났다. 이는 생명존중 프로그램이 생명존중의식 증가와 공격성 감소에 유의미한 효과가 있음을 나타내며, 효과의 지속성 또한 나타나 생명존중 프로그램이 생명존중의식의 향상과 공격성 감소에 영향을 미친다는 것을 알 수 있었다.

자살위험성의 경우, 사후의 F 통계값은 .01, 유의확률은 .95, 프로그램의 지속성을 확인하기 위해 실시한 추후 검사에서도 F 통계값은 2.03, 유의확률은 .18로서 유의수준 .05에서 사후, 추후 각각 집단 간 자살위험성에 유의한 차이가 없는 것으로 나타났다. 이는 생명존중 프로그램이 자살위험성 변화에 유의미한 효과가 없음을 나타내며, 효과의 지속성 또한 존재하지 않는다는 것을 알 수 있다.

그러나 사후, 추후의 자살위험성 점수는 감소하는 양상을 보여 유의미한 요인을 찾기 위해 자살위험성의 하위 요인별 검증을 다시 실시하였다. 하위 요인별로 유의미하게 감소하였는지 알아보기 위해, 사전 점수를 공변인으로 하고 사후 점수와 추후 점수를 종속변인으로 하여 자살위험성의 하위 요인인 '적대감', '부정적 자기평가', '자살 생각', '절망감'에 대한 공변량 분석을 실시한 결과는 <표 8>과 같다. 자살위험성의 하위 요인 중 '적대감'은 추후 검사에서 유의미한 효과($p<.05$)가 있는 것을 알 수 있었다. 적대감은 사후에는 유의미하게 감소하지 않았지만, 4주 후 유의미하게 감소하였음을 나타낸다. 즉 생명존중 프로그램이 중학생의 자살위험성의 하위 요인인 '적대감'을 감소하는 데 유의미한 효과가 있었음을 알 수 있었다.

표 8. 프로그램에 따른 자살위험성의 하위 요인별 사후 · 추후 효과 검증

분산원	사후			추후		
	SS	MS	F	SS	MS	F
공분산(사전 적대감)	22.128	22.128		20.785	20.785	
집단	4.363	4.363	1.445	14.890	14.890	4.994*
공분산(사전 부정적 자기평가)	105.330	105.330		73.672	73.672	
집단	2.250	2.250	.165	16.000	16.000	.994
공분산(사전 자살 생각)	38.873	38.873		40.468	40.468	
집단	3.827	3.827	.843	1.672	1.672	.491
공분산(사전 절망감)	209.989	209.989		105.795	105.795	
집단	9.581	9.581	.354	25.636	25.636	1.654

*$p<.05$.

삶의 의미의 경우, 사후 검사에서 F 통계값은 2.78, 유의확률은 .12, 프로그램의 지속성을 확인하기 위한 추후 검사에서 F 통계값은 2.75, 유의확률은 .12로서, 사후, 추후 모두 유의수준 .05에서 집단 간 삶의 의미에 유의한 차이가 없는 것으로 나타났다. 점수의 변화량에서 있어서는 유의미한 차이가 나타나지 않았지만 사후와 추후 삶의 의미 점수의 증가가 살펴져, 유의미한 요인을 찾기 위해 하위 요인별 분석을 다시 실시하였다.

사전 점수를 공변인으로 사후와 추후 점수를 종속변인으로 하여

삶의 의미의 하위 요인인 '인생 목적', '목표 달성', '생활 만족', '실존적 공허', '미래 열망', '내외적 자치 통제', '자아 충족', '인생관'에 대한 공변량 분석을 실시하였다. 하위 요인의 사후, 추후 결과는 <표 9>와 같다.

표 9. 프로그램에 따른 삶의 의미의 하위 변인 사후·추후 효과검증

분산원	사후			추후		
	SS	MS	F	SS	MS	F
공분산(사전 인생 목적)	178.988	178.988		2.140	2.140	
집단	24.672	24.672	2.119	80.186	80.186	3.678
공분산(사전 목표 달성)	29.042	29.042		.939	.939	
집단	7.689	7.689	2.700	68.870	68.870	6.004*
공분산(사전 생활 만족)	83.012	83.012		.049	.049	
집단	46.007	46.007	6.450*	56.364	56.364	2.280
공분산(사전 실존적 공허)	2.934	2.934		4.628	4.628	
집단	13.586	13.586	2.998	1.775	1.775	.255
공분산(사전 미래 열망)	.625	.625		1.225	1.225	
집단	.000	.000	.000	.063	.063	.050
공분산(사전 내외적 자치 통제)	16.085	16.085		12.668	12.668	
집단	.110	.110	.073	15.233	15.233	5.206*
공분산(사전 자아 충족)	19.269	19.269		27.702	27.702	
집단	.139	.139	.031	6.755	6.755	1.775
공분산(사전 인생관)	13.601	13.601		22.096	22.096	
집단	.725	.725	.888	26.248	26.248	5.495*

*$p<.05$.

삶의 의미에 대한 하위 요인 분석 결과를 살펴보면, 삶의 의미의 하위 요인 중 '생활 만족'은 사후 검사에서 유의한 결과($p<.05$)가 나타났으며, 추후 검사에서는 '목표 달성', '내외적 자치 통제', '인생관'에서 유의한 결과($p<.05$)가 나타났다. 이는 '생활 만족도'는 사후까지

유의하게 증가되었으나, 4주가 지난 시점까지 지속되지 않았음을 나타낸다. 한편 '목표 달성', '내외적 자치 통제', '인생관'은 사후에는 유의하게 증가하지 않았지만 추후에는 유의미하게 효과가 나타났고, 이는 생명존중 프로그램이 중학생의 삶의 의미의 하위 요인인 '목표 달성', '내외적 자치 통제', '인생관'에 유의미한 효과를 나타냄을 알수 있다.

결과를 요약하면, 생명존중의식은 자살위험성, 공격성과 삶의 의미에 영향을 미친다. 생명존중의식이 높으면 삶의 의미가 높고 자살위험성과 공격성은 낮으며, 생명존중의식이 낮으면 삶의 의미가 낮고 자살위험성과 공격성은 높다. 생명존중 프로그램은 생명존중의식을 높이고 공격성을 감소시켰으며, 자살위험성의 하위 요인 중 '적대감'을 감소시켰고, 삶의 의미의 하위 요인 중 '목표 달성', '내외적 자치 통제', '인생관'을 추후 유의미하게 증가시켰다. 따라서 생명존중의식은 자살위험성과 공격성을 낮추고 삶의 의미를 높이는 것으로 나타났다. 즉 자살위험성과 공격성을 낮추고 삶의 의미를 높이고자 하는 교육이나 상담, 다양한 활동 등의 프로그램을 구성하거나 실시할 때 생명존중의 요인을 충분히 다룰 필요가 있다.

표 10. 생명존중의식의 사전·사후·추후 점수

집단	사전 점수	사후 점수	교정된 사후 점수	추후 점수	교정된 추후 점수
	M(SD)	M(SD)	M(SD)	M(SD)	M(SD)
치료 집단	39.63(3.85)	48.37(4.24)	48.94(1.77)	48.13(5.59)	48.14(1.70)
통제 집단	41.63(6.39)	42.25(6.75)	41.69(1.77)	41.63(3.25)	41.61(1.70)

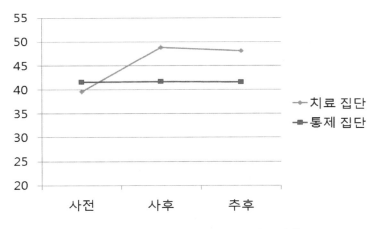

그림 1. 생명존중 기반 문학치료 프로그램 실시 후
생명존중의식의 사전·사후·추후 변화

통계분석을 통해 얻어진 양적 결과를 보충하기 위해 생명존중 기반 문학치료 프로그램 활동 시 관찰된 회기별 내용과 프로그램 참여자들의 변화를 살펴보았다.

프로그램 종료 시, 참여 학생들을 대상으로 실시한 '프로그램 만족도 조사'는 매우 만족 5점, 만족 4점, 보통 3점, 불만족 2점, 매우 불만족 1점으로 체크하도록 하였다. "프로그램을 통해 생명존중의 의미를 알게 되었는지", "생명존중의 가치를 실천하고 싶은지", "생명존중의 가치를 실천하는 방법을 알게 되었는지", "프로그램에 만족하는지", "프로그램에 다시 참여할 의사가 있는지"의 총 5개 항목이 포함되었다. 전체 5개 항목 전체의 평균 점수는 4.2점으로 만족 이상의 평가를 얻었다.

각각의 항목 중에서 가장 높은 점수를 얻은 질문은 "생명존중의 가치를 실천하고 싶은지"에 대한 질문으로 4.5점의 높은 평점을 기록했다. 참여자들이 생명존중 기반 프로그램을 통해 생명존중의 실천 방법을 배웠으며, 이후 일상생활 속에서 실천하고자 하는 욕구가 높게 나타난 것은 상당히 긍정적인 결과라 할 수 있을 것이다. 그 외 "생명존중의 의미를 알게 되었는지"에 관한 질문은 4.0점, "생명존중의 실천 방법을 알게 되었는지"에 관한 질문은 4.3점, "프로그램에 다시 참여할 의사가 있는지"에 관한 질문은 4.0점, "프로그램에 만족하는지"에 관한 질문은 4.3점으로 나타났다. 생명존중의 가치를 실천하기 위한 방법을 알고 실천하고자 하는 의지에서 높은 점수를 나타낸 것은 프로그램 목적에 부합하는 긍정적인 결과라고 판단된다. 마지막으로 치료사에게 하고 싶은 말을 남긴 내용으로는 고마움과 미안함이 많았다. 자신들을 위해 프로그램을 하느라 고생을 많이 했다며 죄송하다는 말을 남겼다. 자신들이 부족한데 잘 이끌어 주었다며 고마움을 표현하기도 했고, 사랑으로 대해 주어서 고맙다거나 또 만나고 싶다는 등 대체로 고마움과 감사함, 치료사에 대한 친밀감과 미안함, 그리고 회기 종결에 대한 아쉬움 등을 표현하였다.

생명존중 기반 문학치료 프로그램의 회기별 관찰 내용은 다음과 같다.

1회기: 1회기와 2회기는 도입 단계로 생명의 의미를 환기하는 단계이다. 1회기는 프로그램에 대한 안내와 프로그램을 원활하게 진행하기 위한 규칙을 정하였다. 아이들은 상당히 산만했다. 발언권 시간을 지키지 않을 뿐만 아니라 프로그램 진행에 잘 따르지 않는 등 어려움이 있었다. 프로그램에 참여한 아이들은 말이나 행동에 있어서 상당히 거친 아이들이었다. 평소 또래 관계에서 욕이나 폭력을 행사하거나 학교의 지시, 규칙 등도 잘 지키지 않는 등 학교생활에 부적응 상태를 보이는 경우가 대부분이었다. 활동의 규칙과 준수할 사항에 대해 자세히 알려 주고 프로그램을 진행하였다. 산만하고 제멋대로인 아이들이었지만 장미허브 심기에는 다소 관심을 보이기 시작했다. 특히 장미허브의 향기에 상당한 관심을 보였다. 사탕이나 과자 향이 난다고 신이 난 모습을 보였다. 실제로도 과자나 사탕의 재료로 사용된다고 이야기해 주자 더욱 관심을 가지는 듯 보였다. 잎을 만져 보더니 부드럽다며 좋아했다. 화분에 이름 짓기를 했다. 초콜릿이나 과자 이름을 사용한 친구들이 많았다. 마무리가 된 화분에 물을 주고 사진을 찍고 난 뒤 각자의 화분에게 편지를 썼다. 거칠고 산만한 아이들이지만 화분이 잘 자라기를 바라는 마음을 글로 표현해 보았다. "예쁘게 잘 자라다오, 죽지 마라.", "이름 마음에 드니?", "무럭무럭 자라라.", "난 니 주인이야.", "이름 참 마음에 들지? 꼬박꼬박 물 줄게.", "안녕, 너에게 물을 줄 주인이야, 앞으로 잘라서 좋은 향기를 뿜어내 주렴.", "예쁘게 잘 자라주렴." 등 아이들은 각자의 화분에 관심과 애정을 가지며 즐거워했다.

프로그램에 참여한 아이들은 공격성이 강하거나 충동 조절이 어려워 학교생활이나 또래 관계에서 어려움을 겪는 아이들이 대부분이었다. 따라서 상당히 산만하고 말이나 행동도 거칠었다. 학교 수업 시간에는 발표나 참여로부터 소외되는 경우가 많다고 한다. 그런

데 이 프로그램에서는 각자의 발언권이나 각자가 직접 할 수 있는 활동을 보장함으로써 아이들이 스스로 무언가 해보는 기쁨을 주고자 했다. 이것은 주체성과 적극성 강화에 도움이 될 뿐만 아니라 아이들 스스로가 자신에 대한 존재감, 소중함을 경험하도록 하는 데도 도움이 될 것이다. 성적이 좋지 않고 환경적으로도 어렵고 학교생활에서 잘 적응하지 못하는 아이들은 이미 많은 소외감을 경험하면서 스스로에 대한 존중을 잃어버렸다. 이런 상실감은 자신에게 혹은 타인에게는 더 큰 공격성으로 나타날 수 있다. 따라서 매사에 의욕이 없거나 과격한 행동을 보이기도 한다.

프로그램 활동에서 매체 활용보다 더 중요한 것은 아이들에 대한 존중과 섬김이다. 아이들을 소중한 인격체로 대하고 존중해 줌으로써 이전의 경험과는 다른 새로운 존중의 경험을 하게 한다. 아이들은 이런 과정을 통해 생명존중의 가치를 직접 경험하게 된다. 치료사는 최소한의 가이드라인과 한계만을 제공하고, 동반자로서 함께하며 자신의 생각이나 의견, 활동을 자유롭게 펼칠 수 있도록 돕는다. 문학치료 프로그램의 중요한 목표는 주체적이고 적극적인 자아의 탄생이다. 생명존중의 가치도 주체적인 자아의 성장을 지향한다. 아이들이 프로그램 실시 기간 동안 이러한 존중의 경험과 적극성을 충분히 경험하도록 하는 것은 생명존중의 가치관을 배우고 경험하기 위한 중요한 요소이다.

2회기: 2회기는 1회기와 마찬가지로 도입 단계로서 생명의 의미를 환기하는 단계이다. 2회기에서는 생명에 대한 신비와 놀라움을 경험할 수 있도록 편집된 동영상 두 편을 보았다. 처음에는 장난스럽게 정자와 난자에 대한 이야기와 성 관련 질문을 하는 등 집중하지 못하는 듯했지만 실제 아이의 탄생 순간에는 잠시 정적이 흐르고 집중하는 모습을 보였다. 힘겹게 산고를 통과한 아기의 빨간 얼굴에도 관심을 보였다. "아이가 괴물 같고, 못생겼다.", "왜 저렇게 생겼는지?"라는 질문도 했다. 출산의 과정은 엄마뿐만 아니라 아기에게도 힘든 시간이며 달라진 환경에 적응하기 위해 저렇게 작은 아기도 필사적으로 노력하는 과정을 거친다는 것을 영상을 통해 직접 보면서 아이들은 나도 저렇게 태어난 것이냐며 아기지만 대단하다는 반응을 보였다.

생명의 탄생의 과정을 살펴보면, 누구나 같은 과정을 거친다. 특별한 사람이라고 특별한 과정을 거치는 것이 아니다. 인간은 누구나 같은 과정을 통해 탄생하기에 서로에 대한 동질성을 인식하게 되고, 생명 그 자체에 대한 소중함을 경험할 수 있다. 자신에 대한 존중의식이 없는 아이들은 자신의 특징이나 강점에도 관심이 없다. 자신을 아는 것은 자신을 사랑하기 위해 상당히 중요한 요소이다. 그동안 자신에 관해 탐색해 보지 못한 아이들에게 스스로를 탐색할 기회를 부여하고 자신의 가치나 특성을 찾게 해주는 것은 이런 의미에서 중요하다. 첫 탐색에서 많은 것을 찾아내지는 못하겠지만, 이런 시도를 통해 아이들은 관점의 환기를 경험할 것이다. 자신이 뭘 잘하는지 무엇을 좋아하는지 고민해 보면서, 스스로를 탐색하는 것이 자신에 대한 애정에 필요하다는 것을 알게 될 것이다. 이것은 자신에 대한 존중이라는 생명존중의 가치를 경험하는 것이다.

각자의 어린 시절에 대해 이야기를 나누기로 하고 자신이 어떤 아이였는지 회상해 보기로 했다. 별로 생각해 보지도 않았고 관심도 없다는 듯 무심한 반응을 보였다. "얌전한 아이였다.", "뭐든 잘 먹었다.", "자동차를 좋아했는데, 장난감 자동차를 안 사주면 떼를 썼다.", "키가 컸다.", "김치를 잘 먹고 엄마가 없는데도 잘 울지 않았다.", "건강한 아이였다.", "개구쟁이였다." 등등 자신의 모습을 짧은 문장이지만 표현해 보았다. 자신의 장점이나 특징에 대해 물어보자, "몰라요.", "난~ 알아요(서태지 노래)!" 등 다소 장난스럽게 이야기를 쏟아내기도 했지만, 그중 한 참가자는 "자신에 대해 모르는 것도 있는 것 같다."라는 진지한 이야기도 해주었다. 아이들의 표현에 경청과 공감을 보내면서 힘든 과정을 통해 잉태되고 탄생되었기에 모두가 소중한 존재임을 알려 주고, 자신에 대한 관심과 애정은 아주 중요한 것이라고 이야기해 주었다. 자신의 특징이 무엇인지, 잘할 수 있는 것은 어떤 것인지에 대해서도 잘 알 수 있도록 스스로에 대해 생각해 보는 시간도 가져 보라고 했다.

3회기: 3, 4, 5회기는 도입에 이어진 전개 단계로 생명존중의 의미를 구체화하는 단계이다. 3회기에는 짧은 동화를 듣고 느낀 점을 나누었다. 아이가 엄마와 할머니의 죽음에 대해 이야기를 나누면서 죽음에 대한 짧지만 비교적 사실적인 이야기와 의미를 들려주는 스토리이다. 동화를 다 듣고 난 뒤, 마음은 어디에 있을지 영혼은 어디에 있을지 생각해 보고 이야기를 나누자 귀신 이야기나 유령 이야기, 좀비 이야기를 하며 떠들었다. 어떤 아이는 "돌아가신 할머니 생각이 나는데 가끔 생각하면 눈물이 난다.", "죽는다는 건 생각하기 싫다.", "죽는 건 무섭다." 등 다양한 반응을 보였다. 혹시 이야기 속 주인공처럼 누군가의 마음을 느껴 본 경험이 있는지 물어보자, 보이지는 않지만 마음이 느껴졌을 때가 있다고 했다. 자세한 이야기는 하지 않았지만, 아이들은 보이지 않아서 쉽게 표현하기는 어려워해도 마음이라는 것을 알고 있는 듯했다.

치료사가 "보이지 않는 것은 어떻게 알 수 있을까?"라는 질문을 하자, 한 아이가 "보이지는 않지만 선생님(연구자)은 우리를 걱정하시고 도와주시려고 온 것 같다."라고 했다. "그걸 어떻게 알 수 있었니?"라고 묻자 "그냥 그렇게 느낌이 들었다."라며 수줍게 웃었다. 그 아이의 말에 대한 다른 친구들의 의견을 물어보자 대체로 "그런 것 같다."라고 하며 다 같이 웃었다.

이야기 속의 주인공처럼 떠올리면 기분 좋고 따뜻해지는 대상이 있느냐는 질문에 "있어요.", "없어요."라며 말을 바꾸면서 장난을 쳤다. 그 대상을 떠올리면 어떤 느낌이 드는지 적어 보기로 했다. 이에 행복하다, 보고 싶다, 웃음이 나온다, 좋다, 사랑스럽다, 대화하고 싶다, 부탁을 들어주고 싶다, 안아 주고 싶다, 만나고 싶다, 바라보고 싶다 등등 구체적인 느낌이나 생각을 표현할 수 있었다. 기분이 우울하거나 슬플 때, 기운이 없을 때, 그런 대상을 떠올려 보면 힘이 날 것 같다는 말을 해주었다. 중간중간 아이들이 잘 집중하지 못하거나 과제 수행에서 다소 나태함을 보였지만 마음이 조금씩 열린다는 것을 느낄 수 있었다. 아이들이 산만하고 과제 수행에 다소 미흡한 경우도 있지만, 이 프로그램에 호기심을 느끼고 있으며 참여하고

자 하는 강한 욕구가 있음을 알 수 있었다.

4회기: 4회기는 3회기와 마찬가지로 전개 단계로 생명존중의 의미를 구체화하는 단계이다. 4회기에는 선천성 장애를 가지고 태어난 닮은꼴 '닉 부이치치'와 '태호'의 동영상을 감상하고 느낌을 나누었다. 처음에는 닉의 모습을 보며 "어 텔레비전에서 봤다."라는 등 호기심을 보이며 "저 사람 장애인 아니에요?"라며, 아이들끼리 서로 농담을 주고받고 마구 웃어대며 "웃긴다. 저런 사람이 수영도 하고 춤을 추네."라고 말하며 산만하게 감상하였다. 동영상 후반부에 닉이 넘어지는 퍼포먼스를 하고 팔다리가 없는 가운데 힘겹게 일어나는 부분을 보면서 다소 집중하는 모습을 보였다. 이어진 태호의 동영상에서는 주인공이 우리나라 아이라는 점에 조금 더 관심을 보였으며, 닉과 똑같은 장애가 있는 친구라는 점에도 호기심을 보였다.

태호의 긍정적이고 밝은 모습을 보면서 신기하다는 반응을 보였다. 닉이 수영이나 윈드서핑, 골프까지 즐기는 걸 보며 "우와 우와" "어떻게 저게 가능하지?"라며 궁금해했으며, 태호의 모습에는 "귀엽다.", "똑똑해 보인다." 등 긍정적인 느낌을 이야기해 주었다.

치료사는 주인공이 어떻게 저렇게 많은 것을 하게 되었는지 그 비법이 알고 싶은지 물어보았다. 아이들은 "네."라고 하며 알려 달라고 성화였다. 닉은 그동안 이런 질문을 여러 사람으로부터 많이 받았었다는 이야기와 함께, 그가 한 대답은 "Try and try, just try."라고 알려 주었다. 닉도 자기가 뭘 할 수 있을지 전혀 몰랐고 그냥 하고 싶은 게 있을 때 한 번 해보고 안 되면 또 여러 번 해보고 계속 시도해 봤더니 할 수 있게 됐다는 것을 전해 주었다. 한 친구가 "저, 선생님 그러니까 포기하지 않으면 된다 이 말씀이시지요?"라며 어른 말투로 장난스럽게 대답했다. 그 이야기를 듣고 옆에서 "우" 하며 장난스러운 투로 야유하는 듯했지만 모두의 얼굴에서 밝은 미소를 볼 수 있었다.

두 인물에 대한 이런저런 이야기를 더 나누어 보았다. 어떤 참여자는 "참 대단하다."라는 말을 했다. 연구자가 "닉과 태호는 몸은 불편하지만 마음이 참 아름다운 것 같다."라는 말을 하자 한 친구가 "아! 내가 하고 싶은 말이었는데…."라며 웃음을 보였다. 옆에 친구들이 "우" 하면서 놀리자 다시 평소 모습대로 엎치락뒤치락하며 떠들기 시작했다. 장애를 무엇이라고 생각하는지, 보이지 않는 장애도 있을지 이런저런 이야기를 나누자 놀랍게도 한 친구가 "마음에도 장애가 있는 것 같다."라고 했다. 어떤 이야기인지 조금 더 자세히 말해 줄 수 있을까 하고 묻자, "마음이 비뚤어진 사람이요. 가끔 저도 그래요."라며 다소 진지하게 말했다. 평소 상당히 공격적이고 제멋대로인 아이들이지만 제법 깊은 생각을 하고 있었다. 어떨 때 그런 느낌이 들었는지 묻자 "그냥 그럴 때 있어요. 화나거나 짜증 날 때." 라고 말했다. 아이들도 내면의 심리적 문제가 장애가 될 수 있다고 생각함을 알 수 있었다. 그런데 그런 마음이 들 때 자신도 조절할 수가 없다는 말도 했다.

누구나 짜증이 나거나 화날 때도 있다며 감정 자체는 나쁜 것이 아니지만 감정을 표현하는 방법에는 좋거나 나쁜 것이 있을 수 있다는 것을 알려 주고, 프로그램 진행 후반부에 부정적인 감정을 안전한 방법으로 표현하거나 해소하는 방법을 경험해 보자고 했다. 감정이나 느낌은 자연스러운 것이므로 감정에 대해서는 충분히 경청하고 공감해 줄 수 있음을 알려 주고 다만 감정을 표현하는 행동은 자신에게 혹은 타인에게 피해를 주거나 위해를 가할 수 있기 때문에 조심해야 함을 알려 주었다. 하지만 이러한 능력은 한 번에 생기는 것이 아니기 때문에 여러 번 경험해 보고 연습을 통해 익숙해져야 함도 알려 주었다.

5회기: 5회기는 3, 4회기와 마찬가지로 전개 단계이며 생명존중의 의미를 구체화하는 단계이다. 5회기에는 <나무 심는 여인>이라는 다큐를 감상했다. 몇 번이고 "이게 진짜라구요?"라며 신기하다는 반응이었다. 영상을 보는 내내 떠들고 딴청을 피우면서도 이탈하지 않고 끝까지 동영상을 지켜보았다. 주인공이 용기를 가지고 힘든 삶을 개척하며 행복한 삶을 일구어 낸 이야기를 보고 어떤 느낌이 들었는지 이야기를 나누고 이 여인에게 편지 쓰기를 해보았다.

"혼자 외로운 사막에서 이렇게 하다니 당신은 참 대단합니다. 좋은 본보기가 되었습니다.", "너무 힘들었을 것 같은데, 이겨내다니 너무 보기 좋습니다. 힘내세요.", "불가능이란 없는 것 같아요.", "노력하면 무엇이든 가능한 것 같다.", "물이 없는 곳에서 한참을 걸어가서 나무에 물을 주는 것은 대단한 것입니다.", "대단하십니다.", "아주머니, 나무를 심어 주어서 감사합니다.", "만약 제가 저기에 있었다면 하지 못했을 것 같습니다. 당신은 정말 대단하신 분인 것 같습니다.", "사람도 없는 곳에서 발자국을 보기 위해 세숫대야를 덮어서 보시려고 하는 것을 보고 정말 외로웠다고 생각했습니다. 응원하겠습니다." 등의 글을 남겼다. 대단하다, 존경한다는 일반적인 반응 외에 "응원하겠습니다.", "힘내세요." 등에서 주인공에 대한 따뜻한 배려의 마음이 느껴졌으며, 주인공이 사람의 발자국이라도 보기 위해 사람의 발자국을 지워지지 않게 하려고 세숫대야를 엎어 놓는 것을 보고 "너무도 외로웠을 것 같다."라며 구체적인 공감을 표현해 주었다.

상대방의 감정을 공감하고 이해하는 경험은 나뿐만 아니라 타인의 소중함도 경험하는 생명존중의 가치를 배우는 과정이며, 대인관계를 향상시키는 좋은 장점을 연습해 가는 과정이 될 것이다. 평소 글쓰기를 힘들어하는 아이들이지만 한 줄 두 줄 자신의 생각이나 느낌을 적어 나가기 시작했다. 각자 쓴 글을 읽고 이야기를 나눌 때 아이들이 은근히 좋아한다는 것을 느낄 수 있었다. 자신의 순서를 기다리다 누군가 새치기를 하면 난리를 피웠다. 자기표현에 대한 열망이 느껴졌다. 평소 교실에서 발표 같은 것을 거의 경험해 보지 못한다고 했다. 프로그램에 참여하면서 매회기 주어지는 발언 시간과 각자의 의견이 경청되고 수용된다는 것을 아이들은 즐거움으로 받아들이는 것 같았다. 하지만 여전히 아이들은 다소 산만하고 집중하지 않을 때도 있고 가끔은 활동 중에 감정이 올라와서 욕을 하거나 서로 때리거나 떠들었다.

참여자들은 자신의 짧은 글이나 감정 표현의 말, 생각 등에 치료사가 적극적으로 경청해 주고, 발언권을 줄 때마다 좋아한다는 것을 알 수 있었다. 아이들은 학교생활 중 수업 시간 등에서 그런 기회를 거의 경험하지 못한다고 했다. 아마도 성적 부진이나 수업 참여에 대한 관심 저하로 학교 수업 시간에 잘 적응하지 못하기 때문인 듯 했다. 이 프로그램 활동 시간에 발언 시간을 지키는 것을 연습하고, 자기 생각을 잘 표현하는 연습을 충분히 해보면 앞으로 수업 시간에서도 잘 참여할 수 있을 것이라며 용기를 주었다. 문학치료 프로그램에서 참여자들의 자발적이고 적극적인 참여가 창의성과 상상력을 촉진하고 스스로에 대한 자신감이나 긍정적인 정서를 되찾는 데 기여한다는 점에서, 이러한 변화는 바람직하다고 할 것이다.

6회기: 6회기부터 9회기까지는 발전 단계로 생명존중의 실천 단계이다. 먼저 6회기는 생명의 성장을 경험해 보는 시간이다. 도종환의 동화 ≪나무야 안녕≫을 읽고 이야기를 나누었다. 자두나무는 자신이 잘못하지도 않았는데 우연히 타인에 의해 상처를 입게 되고, 그 후로 절망의 시간을 보내게 된다. 모든 것을 포기하려는 순간, 정령의 도움으로 마음을 새롭게 다잡고 점점 상처를 치유해 나가면서 새롭게 성장하게 된다. 장난삼아 마구 병아리를 쫓아가자 병아리들이 너무도 놀라 떨면서 도망가는 장면, 한 친구가 화가 나서 자두나무 가지를 꺾어 버리는 모습 등을 천천히 읽어 보고 이 장면에 대해 이야기를 나누어 보았다.

아이들은 병아리의 마음, 어린 자두나무의 마음을 잘 이해하고 있었다. "자신도 그럴 때가 있었다."라며 "자신은 가만히 있는데 갑자기 친구가 때릴 때, 기분이 나쁘다."라고 이야기했다. 자두나무가 절망을 딛고 상처를 이겨내며 새 가지를 만들어 내는 결말까지 천천히 읽어 내려갔다.

책 읽기를 싫어한다며 책 읽기 싫다던 아이들은 다소 산만한 듯 보였지만 이야기에는 비교적 집중하는 듯했다. 스스로 읽는 것보다 치료사가 천천히 읽어 주는 것을 좋아했다. 아이들은 늘 일탈의 생활에 익숙해져 있어서 자신이 의젓한 말을 하고 싶어도 친구들 눈치를 보는 듯했다. 기존의 행동 방식을 버리고 싶어도 또래들의 눈치를 보는 것이다. 그래서 친구들끼리 있을 때는 싫은데도 일부러 더 말썽을 피우는 경우도 있는 것 같았다. 늘 문제 행동을 하던 것이 익숙해져 있어서 의젓한 행동을 하고 싶을 때 낯설거나 어렵다고 느끼는 듯했다. 그런 아이들의 마음을 공감해 주면서 뭐든 연습하고 여러 번 경험해 보고 행동해 보면 익숙해질 수 있다며 그런 마음이 드는 건 부끄러운 것이 아니라고 말해 주었다.

아이들은 자두나무에 대하여 관심을 보였다. 자두나무를 위해 해 주고 싶은 말을 글로 적어 보았다. 힘든 자두나무를 위해 따뜻하고 친절한 말을 적어 주었다. "자두나무야, 다른 사람의 분노로 인해 너의 가지가 꺾여서 많이 억울하지? 힘내.", "너무 힘들어하지 말고 기운 내.", "많이 아팠지? 힘내.", "끝까지 포기하지 말고 힘내.", "아무 잘못도 없이 다쳐서 슬펐지? 힘내." 등의 글을 써주었다. 참여자들이 자두나무의 처지나 아픔을 잘 공감하고 있음을 알 수 있었다. 특히 "아무 잘못도 없이, 억울하지? 다른 사람의 분노로 인해." 등 자두나무의 처지에 대한 이해를 바탕으로 한 공감은 이야기를 잘 경청하고 있었음을 알려 주는 대목이기도 하다. 공감의 첫 번째 단계는 상대를 이해하기 위한 경청에 있다. 이야기를 잘 듣는 경험은 대인관계 속에서 상대방의 이야기를 경청하는 경험과 유사하다. 참여자들이 자두나무의 억울함에 대하여 적극적으로 공감할 수 있고 위로해 줄 수 있었다는 점은 상대에 대한 배려와 공감, 존중의 의미를 모두 경험한 것이라 해석될 수 있을 것이다.

7회기: 6회기와 마찬가지로 7회기는 발전 단계이며, 생명존중의 실천 단계이다. 7회기는 생명의 소중함을 되새겨 보기 위해 동영상 <미모사 이야기>를 감상한 후 주인공이 자살한 이유와 주인공 자살 사건 이후 가족과 친구들의 마음에 대해 이야기해 보았다. 구체적으로 자살에 대해 간접 경험을 해보고자 했다. 실제 자신이 사는 아파트에서 학생이 자살한 사례를 알고 있는 아이가 한 명 있었고, 다른 아이들도 텔레비전 보도를 통해 자살을 경험했다고 한다. 그 외 장례식장에 가본 경험이나 죽음에 대한 경험도 나눠보았다. 그중 어떤 아이는 동네 형이 자살한 이야기를 들려주며 그때의 놀란 심정을 이야기해 주었다. 할머니의 죽음, 이웃집 사람의 죽음 등 각자의 죽음에 대한 경험을 나누어 보았다.

동영상을 통해 자살한 여학생의 심정과 가족들의 슬픔에 대해 간접 경험을 해보면서 힘든 순간에도 자살이라는 선택은 올바르지 않으며 오히려 더 큰 고통이 됨을 경험해 보았다. 동영상을 감상하고 느낌을 나눌 때, 참여자들은 "힘들어도 자살은 하면 안 돼요.", "죽는 건 무서워요.", "자살하면 부모님이나 친구들이 슬퍼할 것 같아요." 등의 의견을 나누었다. 어떠한 순간에도 소중한 생명의 소중함에 대해 다시 느껴 보았다.

누구나 살아가면서 크고 작은 어려움을 겪게 되며, 고통을 극복하는 것은 살아가는 한 과정임을 이야기 나누었다. 그렇기 때문에 서로 힘들 때 위로해 주고 격려해 주어야 하며, 그래서 우리는 혼자가 아니라 하나의 공동체임을 이야기해 주었다. 혼자서 행복한 삶을 사는 것은 불가능하며, 많은 사람이 서로 의지하고 위로하며 서로의 발전을 위해 도움을 주고받을 때 행복한 삶을 살 수 있다는 이야기도 나누었다.

사람은 누구나 장점이 있고 단점도 있기 마련이므로 자신의 단점이나 친구의 단점만을 보지 말고 서로의 장점을 발견하고 발전시킨다면 더 큰 희망을 만들 수 있다는 점도 알려 주었다. 그러면서 자신의 장점을 찾아보고 다른 친구의 장점도 찾아보았다. 처음에는 장점 찾기에 어색해하다가 치료사가 먼저 구체적인 장점을 찾아 주자 참여자들도 스스로 장점을 찾기 시작했다.

걸음이 빠른 것, 음식을 편식하지 않는 것, 인사를 크게 하는 것, 웃는 모습이 예쁜 것 등 구체적인 장점을 이야기하자 참여자들은 친구들을 향해 "야, 선생님이 내가 장점이 많다고 하시잖아." 하면서 우쭐해하기도 했다. 또 친구의 장점 찾기를 하자 갑자기 소란스러워졌다. 장난을 치면서 "너는 장점 없어, 하하하."라고 떠들기도 하고

"장점 많으면 상 주세요.", "간식 더 주세요."라며 너스레를 떨기도 하고, 여전히 장점을 찾고 이야기하는 데 다소 쑥스러워하기도 했다. 하지만 친구들이 찾아 준 장점을 들으면서 기분이 좋아지는 것을 볼 수 있었다. "얘가 공부는 못하지만 의리가 있어요."라는 말에 "야, 공부는 말하면 안 되지, 너도 못하잖아, 하하, 나는 의리 빼면 시체." 라며 너스레를 떨기도 했다.

활동 시간 동안 이렇게 즐거울 수 있는 아이들임에 감사한 마음이 들었다. 다소 공격적이고 욕을 많이 사용하고 거친 행동을 하며 집중하지 못하는 아이들이었지만, 회기가 진행될수록 집중하는 시간이 조금씩 길어지고 발언 순서와 시간을 비교적 잘 지키는 변화를 보여 프로그램 진행도 원활해졌다.

8회기: 8회는 6, 7회기와 마찬가지로 발전 단계이며, 생명존중의 실천 단계이다. 8회기는 생명존중의 노력을 주제로 진행되었다. 자살의 다리로 유명한 마포대교가 생명의 다리로 거듭나게 되는 과정을 담은 <생명의 다리> 동영상을 감상하고 이야기를 나누었다. 생명의 다리는 자살자들을 막기 위해 다리 난간에 아크릴 박스를 설치해서 사람들이 지나갈 때 환하게 불이 켜지게 한 뒤 거기에 여러 가지 위로의 문구를 적어두었다. "밥은 먹었어?", "힘들지?", "잘될 거야.", "보고 싶은 사람 없어?", "힘내.", "휴식이 필요해." 등 자살하려는 사람들의 마음을 위로해 줄 수 있는 글귀들이다. 어떤 말이 자살자들을 위로해 줄 수 있을지 생각해 보고 다 같이 롤링 페이퍼를 만들어 보았다. "혼자 앓지 마!", "같이 걸어요.", "맛있는 거 사 줄게",

"혼자가 아니야." 등 아름다운 위로의 말을 채워 나갔다. 특히 그동안 진행한 회기들과는 사뭇 다른 진지한 분위기가 느껴졌다. 회기가 진행되는 동안 연구자는 아이들의 진지한 모습에서 변화를 느끼게 돼 가슴이 뭉클하였다. 아이들의 변화의 모습이 자랑스럽기도 했다.

매회기 활동을 여러 차례 제시하고 독려해야 참여하던 아이들이, 자살자들을 위한 위로의 글을 롤링 페이퍼로 만들 때는 조용하게 몰입하면서 장난치거나 떠들지 않았다. 아주 편안하고 진지하게 진행되었다. 아이들의 변화를 피부로 느끼는 시간이었다.

9회기: 9회는 6, 7, 8회기와 마찬가지로 발전 단계이며, 생명존중의 실천 단계이다. 9회기에는 동영상 <말의 힘>을 보았다. 과연 말의 힘이 물의 결정까지 바꿀 수 있는지 동영상을 통해 자세히 경험해 보았다. 욕하거나 짜증을 낸 밥은 곰팡이가 생겨 썩었고 칭찬과 사랑, 감사의 말을 들은 밥은 오랜 시간이 지나도 썩지 않고 좋은 누룩이 생기는 등 발효를 한 것이다. 듣기 좋은 말과 듣기 싫은 말은 어떤 것이 있는지 서로 말해 보았다.

이어서 종이를 말아서 인형을 만들어 역할극을 해보았다. 친구들끼리 짝을 지어서 이야기를 나누거나 원하면 연구자가 상대방이 되어서 이야기를 나누었다. 그때 한 친구가 연구자에게 "선생님 궁금한 것이 있는데요, 왜 우리들을 혼내지 않나요?"라는 물음을 던졌다. "혼날 일을 한 거니?"라고 묻자, "에이, 떠들고 말도 잘 안 듣고 친구도 때리고 그러잖아요. 그러면 혼나잖아요. 벌도 서고."라고 말했다.

그래서 치료사는 "그렇구나. 교실에서 떠들거나 싸우거나 하면 혼이 나지… 그런데 선생님은 혼 안 낼 건데…"라고 대답했다. 그러자 "왜요? 왜요?"라며 아이들이 이유를 다시 질문해 왔다. 잠시 아이들이 연구자의 대답을 기다리는 듯했다. 약간의 시간을 두자 아이들이 조용해졌다. "그건… 너희들의 잘못이 아니니까… 혼낼 수가 없지… 만약 너희들이 할 수 있는데 하지 않으면 혼낼 거야. 그런데 그걸 할 수 없어서 하지 못하는 거니까 그건 혼낼 수가 없지, 너희들은 지금 이 시간에 집중하고 제시하는 과제를 해나가고 자신의 순서를 지키고 하는 바로 그걸 배우고 있는 거야. 그건 자신에 대한 존중과 사랑이고 타인에 대한 배려와 존중의 기본이 되는 것이거든."이라고 말해 주었다. 순간 정적이 흘렀다. 치료사는 다시 이야기를 이어 갔다. "너희들도 아마 공부도 잘하고 싶고 칭찬도 받고 싶을 거야. 그게 안 되니까 화가 나기도 할 거야, 자기의 욕구나 감정을 조절하는 건 하루아침에 만들어지지 않아, 너희들은 그걸 조금 덜 경험했기 때문에 지금 어려운 거지. 서로를 존중한다는 건 때로는 자신의 욕구나 감정을 조절해야 되는 거거든. 내가 짜증 난다고 친구한테 함부로 하면 안 되잖아. 그건 배우는 거야. 연습도 필요하고." 아이들은 다소 의외의 대답을 들은 듯 눈을 말똥거리기도 하고 외면하기도 했다. 잠깐의 정적이지만 아이들은 많은 것을 느끼지 않았을까 하는 생각이 들었다. 치료사의 존중과 사랑의 마음이 아이들에게 전해질 것이다.

다시 역할극을 시작했다. 안전한 대화와 감정 표현 방식은 서로에 대한 배려와 존중 없이는 불가능한 것이기에 아이들에게 이런 경험은 중요한 것이다. 친구에게 욕을 하거나 친구를 때리지 않으면서 자연스럽게 내 감정을 이야기하고 전달하는 방법으로 '나 전달법'을 몇 가지 연습해 보았다. 아이들은 닭살이라는 말을 하며 낯설고 쑥스러워했다. 돌아가면서 한 번씩 '나 전달법'을 연습해 보았다. 화기애애한 분위기 속에 회기를 마쳤다.

10회기: 10회기는 마지막 단계로 생명존중의 내재화 단계이다. 마지막 회기이기에 그동안 길러 온 각자의 화분의 성장을 돌아보며 성장 일기를 써 보았다. 첫 시간과 현재의 모습을 비교해 보니 무척 많이 자라 있었다. 아이들도 매주 볼 때는 몰랐던 모습을 치료사가 가져온 첫 시간의 화분 사진과 비교해 보면서 그동안 화분이 많이 자랐다는 걸 발견하고 즐거워했다. 모두 생명을 돌보고 성장시킨 것을 뿌듯해하는 모습이었다. 각자의 화분 사진을 성장 카드에 붙이고 화분에게 편지를 써 보았다. 아이들은 그동안 매주 화분에 물을 주고 관심의 말을 건넸다. 부쩍 자란 화분을 보며 생명의 소중함과 생명 돌보미로서의 마음을 느껴 보았다. 화분은 집으로 가져가거나 각자 교실로 가져가서 계속 기르기로 했다. 원하면 상담실에서 키우는 것도 좋다고 했다. 마지막 회기 아이들의 집중도가 매우 높았다.

그동안 생명이란 무엇인지 생명의 신비로움과 소중함을 경험해 보고 어려움을 겪는 타인을 위해 내가 할 수 있는 일이 무엇인지 생각해 보았다. 거친 표현과 행동을 하던 아이들이 욕이나 폭력 없이 상대방과 이야기를 나누는 존중과 배려의 대화 방법도 경험해 보았다. 아이들은 시작할 때와 모습이 많이 달라진 걸 느낄 수 있었다.

참여하는 태도가 눈에 띄게 달라졌고, 연구자에게 건네는 인사말도 다양하고 상냥해졌다. 그동안 경험해 본 내용을 실제 생활에서 실천하기 위해 생명존중 서약서를 작성하고 다 같이 읽어 본 뒤 각자의 서약서에 서명하였다. 생명존중의 의미란 무엇인지 다시 한번 이야기를 나눈 후, 생명존중을 생활 속에서 실천하는 것이 쉽지만은 않겠지만 다 같이 노력해 보기로 다짐했다.

성장 일기에 쓴 말을 살펴보면, "잘 자라줘서 고맙고 기쁘다.", "꾸준히 많이 컸네.", "처음에는 작았다. 물을 주고 관심을 주니깐 많이 자랐다. 생명의 소중함을 느꼈다.", "화분을 보면 기분이 좋아진다.", "많은 변화가 있었다.", "처음보다 더 커진 것을 보니 기분이 좋다. 하지만 다른 친구들보다 많이 성장한 것 같지 않아서 미안하다. 물을 더 주고 돌봐야겠다.", "앞으로도 계속 물을 열심히 주고 돌봐 줄게." 등의 글을 남겼다. 아이들은 연신 "진짜 많이 컸다."라며 신기해했다.

식물의 성장을 통해 생명의 소중함, 생명의 살아 있음과 생명력을 경험해 보았을 것이다. 이는 각자 자신의 화분에 관심과 애정을 가지고 돌보았기에 가능했음도 경험하게 되었다. 생명을 지키고 성장시키는 데에는 돌봄이 필요하다는 것을 직접 경험을 통해 배운 것이다. 돌봄은 사랑과 관심, 지지의 의미이다. 타인으로부터 존중받은 경험이 부족하고 학교생활에서도 여러 부적응 문제를 가진 아이들, 자살 충동을 경험한 아이들이다. 자신의 소중함이나 친구의 소중함에 대해 평소 생각해 볼 기회를 가져 보지 못한 아이들이 대부분이다. 아이들은 생명존중 기반 문학치료 프로그램을 진행하는 동안 생명과 생명존중을 경험하고 그 존중의 의미를 구체화하는 다양한 경험을 해보았다. 그리고 경험한 것을 실천하기 위한 방법도 직접 경험해 보았다. 식물을 성장시키고 생명을 지속시키는 데는 많은 관심과 애정, 돌봄이 필요하다는 것도 알게 되었다. 비록 10회기의 경험이지만 평소와 다른 새로운 경험을 하면서 아이들은 많은 변화의 가능성을 품게 되었다.

참가자들의 변화

참여자들은 생명존중 기반 문학치료 프로그램에 참여하면서 크고 작은 변화를 보였다. 전체적으로 나타난 변화와 개별적으로 나타난 변화를 살펴보았다. 생명존중의 가치는 자신에 대한 존중과 사랑, 타인에 대한 배려, 공감, 존중, 삶에 대한 긍정성, 대인관계의 안전성, 평등과 조화, 공동체적 삶, 인간과 동식물에 대한 사랑, 연령, 성별, 국적, 빈부, 지식, 장애 등에 따라 차별하는 마음이나 태도가 없는 존중과 사랑을 실천하는 포괄적인 가치관이다.

전체적으로 참여자들의 관점에 많은 변화가 생겼다. 참여자들은 다정한 말을 하거나 친절한 태도를 취하는 것을 상당히 낯설어했다. 한 교사는 활동 내용을 일부 살펴보면서 얘들이 이런 예쁜 말도 하냐며 놀란 적이 있다. 참여자들 스스로도 자신에 대해 부정적으로 사고하고 있어서 자아상이 좋지 않았다. 회기 중에 사랑이나 감사, 행복 같은 단어를 사용하고 누군가에게 응원과 위로의 말을 건네면서 쑥스러워하거나 낯설어했다. 때로는 옆 친구들의 눈치를 살피기도 했다. 아이들에게 치료사(연구자)는 이런 말을 해주었다. "이런 아름다운 말이나 마음은 책이나 동영상에서 나온 것이 아니라 바로 너희들이 찾아낸 거야. 바로 너희들 속에도 이런 아름다운 말들이 있었어. 우리는 그것을 찾고 있는 거지. 누가 만들어 준 것이 아니라 본래부터 너희들의 것이었으니 그 숨겨진 것들을 찾기만 하면 되는 거야."라고. 인간은 누구나 부정성과 긍정성을 모두 가지고 있다. 우리가 한 개인의 긍정성을 볼 것인가 부정성을 볼 것인가는 우리의 선택이고 나라는 주체의 선택이다. 뿌옇게 먼지가 쌓여 아무것도 비춰볼 수 없던 거울을 깨끗이 닦아서 또렷한 자신의 모습을 만나게 되는 것처럼, 프로그램 활동 시간 동안 아이들은 그동안 일상 속에서 찌들어 있던 장애나 부정적인 서사를 열심히 닦아내는 연습을 한 것이다.

프로그램에 참여한 학생들이 평소 학교생활에 부적응한 상태이고 공격 성향이 높으며 성적이 좋지 않았다. 이 때문에 학교생활에 어려움을 겪을 수밖에 없었다. 그리고 참여자의 상당수가 한 부모 혹은 부모가 있더라도 충분한 보살핌을 받지 못했다. 따라서 환경적으로 이미 아이들은 정서적인 장애를 안고 있을 수밖에 없었을 것이다. 프로그램에서 접한 다양한 텍스트, 또 치료사와의 만남은 아이들에게 새로운 경험을 하게 만들었고 이것이 변화를 이끌어 낸 것이다.

문학치료는 우리들의 삶의 서사에 영향을 미칠 수 있기 때문에 심리적이고 정신적인 장애를 극복할 수 있다(정운채, 2006). 서사는 한 사람이 가지고 있는 대상이나 상황에 대한 자신만의 이야기, 일종의 '틀'이며, 넓은 의미에서 본다면 공격성이나 자살 충동도 심리적·정신적인 부정성이라 할 수 있으므로 서사의 변화는 이러한 부정성에 변화를 가져올 수 있다. 10회기의 프로그램 참여로 참여자들 삶 속의 깊은 서사를 모두 바꿀 수는 없겠지만, 작은 서사, 생각이나 인식의 틀, 정서적인 상태의 변화를 볼 수 있었다. 프로그램에 참여한 학생 중 일부는 부정적인 정서나 행동에 긍정적인 변화가 일어났다.

초콜릿(별칭)은 폭력에 대한 인식에서 변화를 보였다. 자신에게 가해지는 폭력에 대해 당연한 것으로 받아들이고 잘못하면 반드시 맞아야 한다는 사고의 틀, 일종의 부정적인 서사를 가지고 있었던 참여자였다. 아버지로부터 맞는 것을 당연하게 여기면서 폭력에 대해 익숙해진 참여자는 자신 역시 화가 나면 누군가를 때리는 것을 당연하게 여겼던 것이다. 이것은 참여자가 폭력에 대해 잘못 인식한 결과이다. 프로그램 후반부로 갈수록 때리거나 욕하는 행동이 줄어들었으며 프로그램 초기, 치료사 앞에서도 거리낌 없이 친구들에게 욕을 하던 행위도 줄었다. 욕을 하다가도 멈칫하였으며 대체로는 그런 모습을 보이지 않았다. 프로그램 과정에서 경험한 존중과 공감의 경험, 다양한 텍스트를 통해 경험해 본 생명존중의 가치, 안전한 대화 방식과 감정 표현 등을 경험해 본 덕분으로 보인다.

유토피아(별칭)의 경우는 죽음에 대해 상당히 비관적이고 슬픈 서사를 가지고 있었다. 가장 가깝게 지내면서 자신을 많이 사랑해 주었던 할머니가 갑작스럽게 돌아가시면서 겪은 상실의 경험은 죽음에 대해 슬픔과 절망의 서사를 만들었다고 할 수 있다. 하지만 3회기에 <아름다운 이별이야기>라는 텍스트를 읽고 사랑했던 사람과 사별한 슬픔을 달래는 방법, 이별한 사람들을 떠올리고 간직하는 경험을 해본 후, "죽음은 꼭 슬픈 것은 아니다."라는 글을 썼다. 이것은 참여자가 기존에 가지고 있던 죽음에 대한 관점에 변화가 일어났음을 보여 주는 대목이다. 참여자는 이후 프로그램 활동에 더 적극성을 띄었고 다른 참여자들에게 호의를 보이거나 배려하는 모습을 보여 주었다. 그리고 치료사에게도 다정하고 친절한 인사를 건넬 수 있었다. 이는 그가 가지고 있던 기존의 부정적 틀을 어느 정도 벗어나 조금 더 성숙해진 모습을 보여 준 것이다.

크런키(별칭)는 작고 힘이 없는 것은 나쁘다는 관점을 가지고 있었다. 참여자 역시 몸집이 왜소하며 힘이 없어 보였다. 그래서 자신의 왜소함에 관한 부정적인 자아상을 만들었다. 할 수 있는 것이 별로 없고 무엇을 해도 늘 잘되지 않는다거나 아예 포기해 버리는 경우가 많았다고 한다. 그래서 참여자는 늘 자신감이 없어 보였다. 이러한 왜곡된 서사는 화가 나거나 짜증이 날 때는 욕을 하는 행동으로 나타나곤 했다. 그래서 자신의 화분이 가장 키가 작다는 것을 발견하고는 기분이 좋지 않은 듯 보였다. 치료사가 키가 작은 것은 나쁜 것이 아니며 성장의 과정은 개별적으로 차이가 나는 것이어서 일률적이지 않고 상황에 따라 변화가 가능하다고, 참여자의 화분에서 자란 싱싱하고 푸른 잎사귀를 살펴보면서 이렇게 건강하게 잘 자란 것만으로도 기특한 일이 아니냐고 말해 주었다. 참여자는 다시 자신의 화분을 찬찬히 살펴보고는 빙그레 미소를 지어 보였다. 참여자가 가진 작은 것은 나쁘다는 부정적인 서사는 프로그램의 과정과 치료사의 피드백을 통해 일부 변화를 보인 듯했다. 참여자 개인별로 살펴본 변화의 내용은 다음과 같다.

(1) 초콜렛(별칭): 이 참여자는 참가자 중 가장 큰 변화를 보였던 학생이었다. 참여 초기의 모습은 자기 행동을 적절하게 조절하지 못하였고 공격적이고 산만하였다. 옆에 있는 친구들에게 욕을 하거나 때리는 경우가 많았고, 활동 시간 내내 엉뚱한 질문을 하거나 내용을 다시 묻는 등 집중하지 못하였다. 가장 우려스러운 점은 자신에 대한 부정적인 인식이 강해 스스로에 대한 존중의식이 결여되어 있다는 것이었다. 친구들이 자신을 폄하하는 발언을 하면 발끈하면서도 그런 자신을 무기력하게 인정하는 모습도 보였다. 심하게 매를 맞았던 경험이 많았으며 스스로를 "맞아도 싸다."라고 표현할 정도로 폭력에도 익숙해져 있었다. 평소 말을 잘 듣지 않거나 잘못한 일이 생길 때 아버지와 태권도 사범으로부터 두들겨 맞는다는 것이다. 때로는 맞다가 죽겠다는 생각도 한 적이 있었다는 이야기를 하면서 침울한 표정을 짓기도 했다. 그러면서 아버지나 사범의 폭력은 자신이 잘못한 것이기에 당연한 것이라며, 잘못하면 맞아야 정신이 든다는 이야기도 덧붙였다. 부모의 이혼 이후 아버지의 손에서 자라면서 생활을 꾸리기에 바쁜 아버지로부터 돌봄을 충분히 받지 못하고 있었고, 매를 맞는 폭력적인 상황을 무기력하게 받아들이게 된 듯했다. 눈빛은 허공을 보거나 아래를 향하거나 잠시 눈을 맞추다가도 회피하는 경우가 많았다. 자신의 우월감을 아이들에게 드러내 보이고 싶

은 강한 욕구도 느껴졌지만, 자신은 재능도 없고 잘하는 것이 아무 것도 없다는 자아에 대한 부정적인 개념을 가지고 있었다. 아이들은 자라면서 행동과 말, 학교생활이나 또래 관계 적응에 있어서 미숙한 것이 정상이며 부모와 교사의 돌봄과 가르침을 통해 하나씩 경험하고 배워 나가면서 성숙해지는 것이 바람직하다. 그러나 참여자는 평소 폭력적인 상황에 자주 노출되면서 폭력이 정당하다는 잘못된 인식을 하게 된 듯 보였다.

참여자는 5회기, 사막을 옥토로 일구어 낸 여성의 이야기를 동영상으로 감상하고 주인공에게 편지 쓰기를 한 후 이런저런 느낌을 나누다가, "선생님, 저도 이다음에 훌륭한 사람이 될 수 있을까요?"라는 질문을 한 적이 있다. 치료사는 당연히 될 수 있다고 말해 주며 처음부터 모든 것을 잘할 수는 사람은 적지만 노력하면 누구나 원하는 모습의 사람이 될 수 있고, 동영상의 주인공처럼 기적도 만들 수 있다고 말해 주었다. 특히 ○○은 활동 시간에 한 번도 결석하지 않았고 지각도 하지 않는 것을 보면 책임감도 강하고 열정도 느껴져서 마음만 먹으면 원하는 것을 성취할 수 있을 거라고 이야기해 주었다. 그러자 "야, 나도 훌륭한 사람 될 수 있대."라며 머쓱한 표정을 지으며 뿌듯함을 느끼는 것 같았다. 참여자는 프로그램 후기로 갈수록 친구를 때리거나 욕을 하는 등의 공격적 성향이 줄었고 목표도 세울 수 있었다. 초기 자신감이나 자존감이 결여되어 있던 참여자는 생명존중 기반 문학치료 프로그램을 통해 주체성과 적극성을 발휘할 기회를 제공받고 자신이 하나의 인격체로서 존중받는 경험과 생명을 소중하게 여기고 존중하는 생명존중의 가치를 경험하게 되면서 조금씩 변화하기 시작했다. 이전에 충분히 경험하지 못한 자신만의 시간과 공간을 경험하고, 자신의 생각과 느낌을 수용받고 공감받는 경험도 해보면서 자신감과 만족감도 얻게 되었다. 초기에 비해 얼굴 표정이 밝아졌으며 산만함도 많이 줄어들었다.

특히 친구들에게 욕을 하거나 때리는 공격적 행동이 눈에 띄게 줄어들었다. "생명은 사랑과 희망과 가족이다."라는 글을 쓰면서 가족에 대한 사랑과 삶에 대한 희망을 말해 주었다. 그동안 잘 자라준 장미허브를 보면 마냥 기분이 좋아진다며 장미허브에 대한 애정도 표현하였다. 참여자는 생명을 돌보며 생명에 대한 소중함과 사랑의 마음을 깨닫게 되었고, 이를 통해 정서적인 안정과 만족감을 얻게 되었다. 스스로에 대한 존중의 마음과 긍정성은 타인에 대한 존중과 배려로 나타나 또래들에 대한 공격적인 태도도 변화하기 시작했다.

(2) 유토피아(별칭): 유토피아는 참여자 가운데 비교적 차분한 성격으로 도드라진 돌출 행동이나 욕을 하지는 않았다. 하지만 간혹 참여자들과 언쟁이 시작되면 눈빛이나 얼굴 표정이 상당히 거칠어졌다. 자살 장면을 목격한 이야기를 하면서 너무도 무서운 기억이었다고 회상하기도 했다. 참여자는 3회기 <아름다운 이별이야기>를 읽고 영혼과 마음에 관해 이야기할 때 상당한 관심을 보였다. 특히 돌아가신 할머니가 떠오른다며, 자신을 언제나 걱정해 주고 아껴주셨던 분이라며 눈물을 보이기도 했다. 이 이야기를 읽고 좋아했던 사람을 떠올려 보라고 할 때, 자신은 할머니를 떠올려 보았는데 잘 보살펴 주시던 할머니의 자상함과 따뜻함이 느껴져서 좋았다고 했

다. 예전에는 할머니가 보고 싶으면 그냥 눈물이 났지만, 이제는 할머니를 떠올리면서 기분이 좋아질 수 있을 것 같다며 보이지 않지만 소중한 것들이 참 많은 것 같다고 했다.

또 6회기 <나무야 안녕>이라는 책을 읽을 때는 누군가에게 억울한 일을 당하는 것에 대해 민감한 반응을 보였다. 이 세상에는 그런 놈들이 있다는 말도 했다. 그러면서 억울하게 가지가 꺾인 자두나무에 대한 연민을 느끼는 듯했다. 당시 참여자는 비슷한 일을 당해 화가 나 있었다. 치료사는 참여자의 속상했던 마음, 억울한 심정을 경청해 주고 공감해 주었다. 그러자 참여자는 자두나무가 참 기특하다고 말했다. 치료사도 자두나무가 정말 기특하다며 참여자의 말에 공감해 주었다. 그리고 사람들은 이런 힘든 상황이 되면 좌절하거나 포기하고 싶은 생각이 들 수도 있지만, 자신이 얼마나 소중한 존재인지 생각해 보면 동화 속 자두나무처럼 이겨내는 힘이 생길 거라고 이야기해 주었다. 또 자신의 가치는 타인이 만들어 주거나 평가하는 것이 아니라 스스로 찾을 수 있다고 말해 주었다. 참여자는 고개를 끄덕이며 공감하는 모습을 보여 주었다. 7회기에 자살과 관련된 동영상 <미모사 이야기>를 감상한 후 세상은 그래도 살만한데 자살을 하는 건 바보 같은 짓이라며, "가족들을 생각하면 절대 그러면 안 된다."라고 말하기도 했다. 가족에 대한 애정, 삶에 대한 애정과 책임감을 느낄 수 있었다.

참여자는 프로그램 후반기에 들어서 이전보다 안정된 모습을 보였다. 성적도 좋지 않고 집도 가난하지만 앞으로 좀 더 나은 사람이 되어 보고 싶다는 계획도 이야기해 주었다. 참여자는 화분에 물 주기에 정성을 들였으며, 화분에 많은 애정을 보였다. 특히 생명에 대해 '행복'이라는 정의를 하면서 장미허브를 보면 행복한 기분이 든다며 행복하게 살고 싶다는 의지를 표현하기도 했다. 이 참여자는 사회의 불합리한 부분들에 대한 공격적 성향이 많은 듯했다. 억울한 일을 종종 경험하였고 자신의 처지가 열악해서 벌어지는 상황 때문에 분노하는 경우가 많아 그것이 공격성으로 표출되는 듯했다.

따라서 안전하고 편안한 상황을 만들어 주고, 타인에 대한 신뢰감을 회복시켜 주며, 자신의 능력을 키우게 해준다면 얼마든지 공격적인 성향을 없앨 수 있을 것으로 판단되었다. 자신과 타인에 대한 애정과 배려의 마음, 삶에 대한 소중함 인식 등은 생명존중의 중요한 가치관이다. 참여자는 프로그램을 통해 생명존중에 대한 의식의 수준이 이전보다 한층 높아졌다고 판단된다.

(3) 느금치(별칭): 참여자는 자신에 대한 표현이나 감정적인 표현을 많이 어색해하는 편이었다. 키와 덩치가 큰 편으로 자신의 체격을 이용해서 친구들에게 우월감을 과시하거나, 친구를 무시하는 눈빛이나 말을 자주 했다. 계속 옆의 친구들이 활동을 못 하게 말을 걸거나 방해하고, 그런 부분에 대해 지도하면 친구에게 핑계를 돌리곤 했다. 참여자는 4회기 장애자들의 삶을 동영상으로 보면서 관심을 보였다. 차별에 대한 여러 가지 관점과 상황에 대해 이야기하고 느낌을 물어보자 가장 적극적으로 참여하였다. 치료사가 우리들은 이렇게 사람을 차별한 적은 없을까 하고 물어보니 다른 참여자들에 비

해 상당히 강하게 부인하면서 자신은 절대 그렇지 않다고 했다. 하지만 주변의 친구들이 그런 자신의 말에 대해 부정하는 반응을 보이자 상당히 속상한 듯한 표정을 보였다.

생명존중의식은 배우고 반복하는 연습을 통해 실천할 수 있기에 서로 존중하는 연습을 충분히 한다면 누구나 타인을 존중하는 사람이 될 수 있다며 격려해 주었다. 이후 참여자는 활동 시간에 친구들을 방해하거나 눈빛으로 싸움을 거는 등의 행동이 많이 줄었고, 무표정으로 일관하던 초기와 달리 잘 웃거나 편안한 얼굴을 보이는 경우가 많아졌다. 그리고 치료사에게도 웃으며 인사하거나 다정한 말을 건네는 등 정서적인 유연성을 보이면서 대인관계에서도 긍정적으로 노력하려는 모습을 볼 수 있었다. 타인을 향한 공격적인 행동이 줄어들고 대인관계에서도 친절함을 보이고 차별에 대한 생각이 줄어든 것은 생명존중의 가치관이 프로그램 참여 전보다 높은 수준으로 변화함을 보여 주는 것이라 판단된다.

(4) 느금마(별칭): 참여자는 욕을 하거나 과잉행동을 하는 것은 다소 적은 편이었으나 활동 시간에 집중하지 못하고 산만했으며 고개를 늘 숙이고 있는 등 매사에 의욕이 저하되어 있었다. 프로그램 활동 중 직접 발표하고 표현하는 시간을 경험하면서 후반기로 갈수록 자신감이 회복되고 적극성도 가지게 되었다. 초반에 활동 시간에 약간 늦게 오곤 했지만 후반으로 갈수록 제시간에 맞추어 왔으며, 자신의 순서를 기다린다거나 양보하는 모습도 보여 타인에 대한 존중의 의미를 실천할 수 있게 되었다. 그리고 후반부로 갈수록 활동 시

간에 고개를 숙이고 있던 모습이 사라져 자연스럽게 얼굴을 마주할 수 있게 되는 등 자신감도 회복하게 되었다. 자신의 욕구를 적절하게 조절하고 타인에게 양보의 행동을 보이는 것, 자신에 대한 자신감이나 만족감을 회복하는 것도 생명존중의 가치관을 엿볼 수 있는 행동이다. 프로그램 활동을 통해 참여자의 생명존중의 가치가 어느 정도 향상되었음을 알 수 있었다.

(5) 크런키(별칭): 참여자는 조용하고 다소 소극적인 성향을 보였다. 학교생활에서는 친구들에게 욕을 하거나 싸우는 등의 일이 자주 있다고 한다. 활동 시간에는 비교적 잘 따라왔다. 하지만 감정이나 느낌을 말로 표현하는 데 두려움을 가지고 있는 듯했다. 오히려 글로 표현하는 것을 더 좋아했다. 글씨를 예쁘게 잘 쓰는 편이었다. 항상 치료사의 안색을 살피거나 친구들의 표정을 살피는 등 눈치를 많이 보는 것 같았다. 자신의 화분이 성장한 것을 보면서 기쁘기도 하지만 다른 화분에 비해 덜 자란 것 같아 화분에게 미안한 마음을 표현하기도 했다.

치료사가 보여지는 모습만 중요한 것이 아니라고 말해 주고, 참여자의 장미허브는 키는 약간 작지만 잎사귀 수가 많고 초록빛도 진해서 아주 건강한 느낌이라고 말해 주자 좋아했다. 참여자는 생명이란 아름다운 것이라며 앞으로 화분을 더 잘 키우고 싶다고 했다. 초기에 비해 후반기로 갈수록 자신의 감정과 생각을 잘 표현하게 되었고 발표하는 목소리가 커지고 자신감도 엿보였다. 자신이 돌보았던 화분이 덜 자랐다고 미안한 마음을 가지는 것에서 생명에 대한 존중과 배려의 마음을 엿볼 수 있으며, 자신감 회복을 통해 자신에 대한 존중의식을 되찾게 되었다고 판단된다.

(6) 칙촉(별칭): 참여자는 프로그램 초반에는 말수가 적고 감정 표현도 잘 하지 않았다. 프로그램 활동에도 그다지 적극적이지 않고 의욕이 적어 보였다. 하지만 화분에 물 주는 것을 한 번도 잊지 않았고 회기에도 잘 참석하였다. 다른 참가자들에 비해서 눈에 띄는 큰 변화는 보이지 않았지만, 초반 눈을 맞추는 것이 잘 안 되던 것과 달리 후반기에는 발표할 때 치료사와 눈을 잘 맞추고 이야기할 수 있었으며 표정도 부드러워졌다. 화분을 돌보는 것에 책임을 다하는 것은 생명에 대한 소중한 가치를 드러내는 것이며 일상 속에서 적극성과 의욕을 되찾은 것도 스스로에 대한 애정과 존중의 가치를 되찾은 것으로 볼 수 있다.

(7) 느금빠(별칭): 참여자는 에너지가 많았으며, 프로그램에 적극적으로 참여하였다. 지각하거나 결석하지 않았으며 그런 부분에 대한 보상과 칭찬을 원했다. 치료사의 관심을 받기 위해 노력하면서 자신에 대한 존재감을 나타내고 싶어 했다. 초기 친구들의 잘못을 이르거나 비교하기를 좋아했던 참여자는 후반기로 갈수록 친구를 이르거나 평가하거나 비교하는 습관이 줄었다. 초기에 활동에 참여할 때 다리를 벌리고 자리를 많이 차지하려던 모습은 없어지고 바른 자세로 참여하였다. 초반기에 비해 후반기에는 욕의 사용이 줄고 친구들에게 다정하게 말하는 등 행동에서도 편안함과 안정성이 느껴졌다. 누군가와 비교해서 우위를 판단하는 것은 생명존중의 가치가

아니다. 비교하거나 이르는 행동, 남을 자기 잣대로 평가하는 행동, 다리를 벌려 자리를 더 많이 차지하려는 행동 등이 줄어든 것은 프로그램을 통해 타인을 소중하게 여기고 배려하는 생명존중의 가치를 함양하였기 때문이라고 할 수 있다.

(8) 초코칩(별칭): 참여자 중 가장 소극적인 아이였다. 초반에는 표정에 감정이 잘 드러나지 않았으며 웃거나 떠들지도 않았다. 활동에도 의욕을 보이지 않았다. 활동 내내 거의 의사 표현을 하지 않던 참여자는 프로그램 5회기에 접어들면서 조금씩 변하기 시작했다. 사막의 기적을 만든 주인공에게 편지 쓰기를 하자 7~8줄가량의 글쓰기를 하였고, 자신에게 좋은 본보기가 되어 주었다고 말했다. 자신의 화분을 보고는 "꾸준하게 잘 자란 것 같다."라고 말해 주며 미소를 지어 보였다. 성장 속도는 저마다 다르다며 자신의 페이스를 지키면서 꾸준하게 지속하는 것이 더 중요하다고 말해 주었다. 초반기에 소극적이던 참여자는 후반기로 갈수록 적극성이 생겨나고 자신감도 되찾는 모습을 보였다. 감정 표현이 이전보다 원활해지고 자신이 돌보는 화분의 성장을 기뻐하며 자신감과 적극성을 회복한 것은 생명의 소중한 가치와 자신에 대한 소중함을 깨달은 결과로 보여진다. 따라서 정도의 차이는 보이지만 대부분의 참여자가 생명존중의 가치관이 이전보다 높아지고 생명존중의 가치를 실천할 수 있게 되었음을 알 수 있다.

회기 중 치료사는 몇 번 간식을 직접 준비해 갔다. 학교에서 제공되는 과자류가 아니라 직접 만든 간식을 가져가는 것은 관심과 배려의 의미를 담고 있기 때문이다. 다른 집단 상담에서도 종종 시도하는 일이다. 간식을 하나씩 아이들 입에 넣어 주었다. 아이들은 간식을 받아먹을 때 참 행복한 표정을 지었다. 돈을 주고 사 온 것이 아니고 치료사가 직접 준비해 왔다는 점에서 참여자들을 더 즐겁게 만들었다. 사랑에 배고픈 아이들, 관심과 애정이 필요한 아이들은 이러한 작은 경험 하나에서 큰 변화를 맞기도 한다. 그래서 간식을 마련하는 방식이나 전달하는 방법도 중요한 것이다.

심리치료나 상담은 기본적으로 참여자에 대한 치료사의 존중, 섬김의 태도가 필요하다. 정서적으로 심리적으로 어려움을 당하고 있거나 부정성이 많은 참여자들은 치료사의 따뜻한 보살핌과 존중을 경험하면서 심리적 장애를 극복하는 힘을 키울 수 있기 때문이다. 섬김이나 존중의 태도 역시 생명존중의 핵심 요소이다. 따라서 치료사가 가지는 참여자들에 대한 태도 역시 프로그램의 성패를 좌우하는 중요한 요소가 된다. 사랑의 결핍, 존중의 결핍으로 일어나는 인식의 왜곡이나 심리적 부정성은 바로 사랑과 존중의 경험을 통해 회복되고 치유될 수 있기 때문이다.

나가며

생명존중의식이 자살위험성과 공격성, 삶의 의미에 미치는 영향
과 관계를 분석한 결과 각각의 요인은 서로 유의미한 정적 혹은 부
적 상관관계를 나타냈다. 생명존중의식과 삶의 의미는 정적 상관,
생명존중의식과 자살, 생명존중의식과 공격성은 각각 부적 상관을
나타내었다. 삶의 의미와 자살, 삶의 의미와 공격성은 각각 부적 상
관, 자살과 공격성은 정적 상관을 보여 주었다. 다시 말해 생명존중
의식이 높으면 삶의 의미가 높고 자살과 공격성은 낮으며, 생명존중
의식이 낮으면 삶의 의미가 낮고 자살과 공격성은 높은 것으로 나타
났다.

생명존중의식이 독립변인으로 다른 변인들에 영향을 미치는지 분
석한 결과, 생명존중의식의 높고 낮음은 자살위험성과 공격성, 삶의
의미의 높고 낮음에 영향을 미쳤다. 즉, 생명존중의식이 높으면 자
살과 공격성이 낮고 삶의 의미는 높다는 것을 알 수 있었고, 생명존

중의식이 낮으면 자살과 공격성은 높고 삶의 의미는 낮다는 것을 알 수 있었다. 이를 통해 생명존중의식이 자살, 공격성, 삶의 의미에 유의미한 영향을 미친다는 것을 알 수 있었다.

생명존중 기반 문학치료 프로그램의 효과를 검증한 결과, 생명존중 기반 문학치료 프로그램은 생명존중의식을 증가시키고 자살위험성과 공격성 감소, 삶의 의미를 높이는 데 유의미한 효과를 미치는 것으로 나타났다. 자살위험성과 삶의 의미에서는 2차 하위 요인 검증을 실시한 결과 자살위험성의 하위 요인 중 '적대감'이 추후 검사에서 유의미한 감소가 있었다. 이는 사후에는 유의미하게 감소하지 않았지만, 4주 후 추후에서 유의미하게 감소하였다. 즉 생명존중 기반 문학치료 프로그램이 자살위험성의 하위 요인 중 '적대감'을 감소시켰다. 적용 대상집단이 비교적 소규모였기 때문에 보다 많은 대상을 비교 실험해 본다면, 통계상의 변화도 더 크게 살필수 있을 것이라 판단된다.

삶의 의미의 하위 요인 중에서는 '목표 달성', '내외적 자치 통제', '인생관'이 추후에 유의미하게 증가하였다. 즉, 생명존중 기반 문학치료 프로그램이 삶의 의미의 하위 요인 중 '목표 달성', '내외적 자치 통제', '인생관' 부분에서 증가세를 보였다. 전체적으로 요약하면 다음과 같다.

첫째, 생명존중의식은 자살, 공격성, 삶의 의미에 영향을 미치며, 생명존중의식이 높으면 삶의 의미가 높고 자살과 공격성은 낮으며,

생명존중의식이 낮으면 삶의 의미가 낮으며 자살과 공격성은 높게 나타난다.

둘째, 생명존중 기반 문학치료 프로그램은 생명존중의식, 자살, 공격성, 삶의 의미에 영향을 미친다. 다만 자살과 삶의 의미에서는 하위 요인에서 일부 효과가 있는 것으로 나타났다. 자살에서는 하위 요인 중 적대감에서, 삶의 의미에서는 하위 요인 중 목표 달성, 내외적 자치 통제, 인생관에서 각각 효과가 있는 것으로 나타났다.

생명존중 기반 문학치료 프로그램 연구의 대상은 평소 공격적이거나 폭력적 성향을 보이는 아이들, 자살 충동이 있는 아이들, 그 외 충동 조절에 어려움을 겪는 아이들, 집중력과 독서 능력이 또래에 비해 떨어지는 등 학습 능력이 대체로 낮은 아이들이었다. 활동을 실시함에 있어서 활동 매체를 선정하는 것은 매우 중요한 과정이다. 예비 실험에서 읽기와 쓰기에 거부감을 표시하는 아이들의 특성을 고려하여 본 연구의 실험에서는 책 읽기와 글쓰기 작업은 조금 줄이고 영상물로 대체하였으며, 화분을 심고 돌보는 활동을 추가하게 되었다. 대상의 특성과 상황에 따라 보다 적합한 콘텐츠 선정과 생명존중 관련 주제를 잘 전달할 수 있는 텍스트나 매체 등 콘텐츠 개발에 대한 연구도 후속으로 이어져야 한다.

프로그램을 진행하면서 가시적으로 크게 성과가 보이지 않았던 시기도 있었지만, 연구자는 아이들이 꾸준히, 조금씩 변하고 있다고 확신하였고, 후반기에 가면서 이러한 변화가 좀 더 분명하게 나타났다. 이에 연구자는 생명존중의식을 함양하기 위한 문학치료 프로그램의 중요성을 더욱 절감하게 되었다. 앞으로도 이러한 노력과 시도가 중단되어서는 안 될 것이다.

연구자가 생명존중을 기반으로 한 문학치료 프로그램을 진행해 본 것은 예비 실험과 본 연구, 두 차례뿐이었기 때문에, 활동 내용이나 자료 선정에서 다소 아쉬움이 남았다. 후속 연구에서는 본 연구를 수정 보완하여 보다 발전된 프로그램을 연구하고자 한다. 생명존중의식을 주제로 한 다양한 연구가 시도되어야 함과 더불어 더 중요한 것은, 생명존중 문학치료 프로그램 실시의 정기화이다. 비정기적이고 간헐적인 활동으로는 생명존중의식을 함양하는 데 여전히 어려움이 생길 것이다. 비정기적인 프로그램이 아닌 하나의 독립된 과정으로, 정기적으로 실시한다면 더 큰 효과를 기대할 수 있을 것이다.

생명존중을 위한 노력에 개인뿐만 아니라 국가와 사회가 공적인 지지와 노력을 보내주어야 우리 사회에서 생명존중에 기반한 다양한 활동이 제대로 자리를 잡을 수 있을 것이다. 생명존중의식 함양에 대한 법적, 정책적 차원의 노력도 이어지길 바란다.

생명존중의식 척도도 많지 않았다. 또 있다고 해도 문항 수가 적고 비교적 단조로워 보다 정밀하고 세밀한 측정 도구의 필요성을 느끼게 되었다. 따라서 생명존중의식을 측정할 수 있는 척도 개발의 필요성이 절실하였다. 초등학생을 위한 생명존중의 인식 정도를 측정할 수 있는 척도는 한 차례 개발된 바가 있지만, 청소년이나 성인 등 다양한 연령대의 생명존중의식까지 측정할 수 있는 척도는 거의 없는 실정이다. 따라서 다양하고 효과적인 척도를 개발하는 후속 연구가 계속 이어져야 할 것이다.

우리나라는 급속한 경제 발전과 물질적 성장은 이루었지만 그 뒤에는 여전히 어두운 사회병리들이 존재하고 있다. 모든 국민이 정서적으로 안정되고, 편안하며 행복하고 건강한 삶을 누리는 사회가 되기 위해서 이러한 사회병리들을 없애는 노력이 이어져야 할 것이다. 정서적으로 건강하지 못한 구성원이 많으면 많을수록 사회병리는 늘어날 수밖에 없다. 높은 자살률, 난무하는 폭력 사태, 극심해지는 사회 갈등을 풀고 삶의 의미를 높이는 생명존중의식이야말로 우리나라가 선진국으로 도약하는 밑거름이 될 소중하고 중요한 가치일 것이다.

사회는 빠르게 변화하고 있고 그 변화의 속도를 가늠하기 힘든 시대가 되었다. 기계화와 자동화의 거센 파도는 인간의 자리를 기계가 대체하는 속도를 빠르게 가속화하고 있다. 물질만능의 풍조는 갈수록 일반화되고 있다. 최근 인문학이 선풍적인 인기를 끌고 있다는 것은 어찌보면 우리들에게 결핍된 그무엇인가를 바로 인문학을 통해 찾고자 하는 욕망의 표출일지도 모른다. 인문학은 인간에 대한 애정과 탐구를 목표로 하고 있다. 인간은 무엇이며, 왜 사는가에 대한 답을 찾아가는 과정이다. 가장 인문학적이면서 인간삶의 치유와 답을 제공해줄 문학과 치료의 만남, 문학치료. 인문학에 소중하고 근원적인 생명 존중의 가치를 담아내고, 치료의 자원을 연결한다면, 퇴색되어가고 있는 인간의 따뜻한 본성과 생명에 대한 긍정이자 가장 인간된 도리인 생명존중의식의 함양을 성취할 수 있을 것이다. 인문학에서 발견한 문학치료가 인간의 고통을 해소하고 건강한 주체를 회복한다면, 인문학은 박물관에 걸린 박제가 아니라 우리들의 현실적인 삶에서 기능하며 가장 실천적인 학문으로 거듭날 것이라 기대해 본다.

　본 연구자는 앞으로도 실천적인 인문학 활동에 매진할 것이며, 생명존중의식 함양과 생명존중문화의 확산을 위해 노력할 것이다. 그리고 한국 사회가 죽음의 문화에서 생명의 문화로 거듭나기까지 생명 관련 활동에 매진할 것이다. 많은 연구자들의 동참을 기대한다.

참고문헌

강경아, 김신정, 송미경, 안진영(2011). <초등학생 대상 생명존중 인식 측정 도구의 타당도 및 신뢰도 검증>. ≪한국간호교육학회지≫, 17(1), 120-128.

강명식(2009). <숲 체험 활동이 환경 진화적 태도와 생명존중인식에 미치는 영향>. ≪열린유아교육연구≫, 14(4), 137-159.

강영계(2012). ≪죽음학 강의≫. 서울: 새문사.

박제경, 박세환, 나선웅, 김춘우(2010). ≪생명체와 죽음≫. 서울: 행성.

김상우(2005). ≪죽음의 사회학≫. 부산: 부산대학교 출판부.

김춘경, 변학수, 채연숙(2006). <통합적 문학치료 프로그램이 대학생의 우울 과 생활스트레스 감소에 미치는 영향>. ≪정서·행동장애연구≫, 22(1), 103-125.

김태순(1997). <생명존중을 통한 극한 상황의 극복>. ≪겨레어문학≫, 21(1), 501-533.

김현지, 권정혜(2012). <노인의 삶의 의미와 자살생각 간의 관계>. ≪Kor J Clin Psychol≫, 33(2), 589-606.

유재순, 손정우, 남민선(2010). <자살 위험성이 높은 청소년을 대상으로 한 우울중재 및 자살예방 프로그램의 효과>. ≪지역사회간호학회지≫, 21(1), 71-81.

노상우(2010). <청소년 자살문제와 죽음준비교육>. ≪경희대학교 교육문제 연구소 논문집≫, 26(1), 5-26.

류미경(2008). <생명존중교육프로그램이 초등학생의 죽음불안, 자살위험성, 삶의 의미에 미치는 효과>. 대구가톨릭대학교 대학원 석사학위논문.

문동규, 김영희(2011). <청소년의 자살생각과 관련된 유발변인의 메타회귀분 석>. ≪상담학연구≫, 12(3), 945-964.

박인우(1995). <효율적 집단상담 프로그램 개발을 위한 체계적 모형>, ≪지 도상담≫, 19-40.

박찬구(2002). <생명윤리의 이론적 근거 모색에 관한 연구>. ≪인문학연구≫, 7(1), 1-30.

변학수(2005). ≪문학치료≫. 서울: 학지사.

변학수(2006). ≪통합적 문학치료≫. 서울: 학지사.

배정순(2014). 상상과 유추를 통한 문학치료의 성취. 선도문화, 16(0), 221-259.

배정순, 김춘경(2015). <청소년의 생명존중의식이 자살위험성과 공격성에 미치는 영향>. ≪정서행동장애연구≫, 31(3), 251-269.

배정순, 김춘경(2017). <생명존중의식이 자살위험성과 공격성, 삶의 의미에 미치는 영향과 생명존중프로그램의 효과>. ≪정서행동장애연구≫, 33(4), 1-22.

서혜경(1992). <죽음을 준비하는 건강교육 프로그램 개발에 관한 제언>. ≪한국노년학연구회≫, 1(1), 11-17.

송미경, 김경란, 박천만(2012). <생명존중교육프로그램이 중학생의 생명존중의식과 생명존중태도에 미치는 영향>. ≪한국학교・지역보건교육학회지≫, 15(1), 105-119.

島園進, 竹內整一(2008). 死生學とは何か. 東京: 東京大學出版會. 정효운 역(2010). ≪死生學≫ 1. 서울: 한울.

이경숙, 박재순, 차옥승 공저(2001). ≪한국생명 사상의 뿌리≫. 서울: 이화여대출판부.

이기상(2009). <생명문화 공동체를 위한 생명학>, ≪불교평론≫, 11(2), 112-129.

이기상(2010). ≪글로벌 생명학≫. 서울: 자음과 모음.

이봉희(2006). <문학치료적 시작(詩作)>. ≪새국어교육≫, 73(1), 361-382.

이봉희(2006). <시/문학치료와 문학수업, 그 만남의 가능성 모색>. ≪한국문예비평연구≫, 20(1), 103-128.

이봉희(2008). <문학치료에 관한 국내외 실증사례 연구>. ≪예술의 사회적 기여에 관한 국내외 실증사례 연구≫, 107-162.

이봉희(2010). <내안의 시인을 깨우는 문학치료>. ≪어문학회≫, 110(1), 31-60.

이시형 등(2004). <청소년 생명존중의식에 관한 연구>. ≪삼성생명공익재단 사회정신건강연구소 연구보고서≫.

임금선, 김현실(2012) <노인우울 및 자살생각과 심리적 안녕감에 대한 노인 생명존중프로그램의 효과>. ≪노인복지연구≫, 55(1), 201-222.

林綺雲, 曾煥棠, 林慧珍, 陳錫琦, 李佩怡, 方蕙玲(2000). 生死學. 台北: 洪葉.

전병술 역(2012). ≪죽음학 : 죽음에서 삶을 만나다≫. 서울: 모시는 사람들.

정미라(2002). <일본의 집단 따돌림 현상에 대한 이론적 고찰과 한국교육에 주는 시사점>. ≪비교교육연구≫, 12(1), 213-238.

정미영(2013). <삶의 의미의 두 요인에 관한 연구: 의미추구와 의미발견의 기능과 효과>. ≪한국기독교상담심리학회지≫, 24(1), 153-180.

정운채(2006). ≪문학치료의 이론적 기초≫. 서울: 문학과치료.

정현미, 손승남(2010). <동학의 생명사상과 생명존중의 교육>. ≪교육사상연구≫, 24(3), 263-289.

지미경(2006). <생명존중의식 함양을 위한 중학교 도덕과 탐구공동체 활용 방안>. 한국교원대학교 교육대학원 석사학위논문.

진교훈(1982). ≪철학적 인간학 연구(1)≫, 서울: 경문사.

진교훈(2001). <생명이란 무엇인가>. ≪생명윤리≫, 2(2), 2-12.

채연숙(2010). ≪글쓰기치료 : 이론과 실제≫. 대구: 경북대학교 출판부.

최명심, 손정락(2009). <의미치료 집단 프로그램이 내재적 종교 성향, 긍정적 종교적 대처, 삶의 의미 및 정신건강에 미치는 효과>. ≪한국임상심리학회지≫, 28(3), 853-875.

최아론, 이영순(2012). <고등학생의 인지적 몰락과 자살사고의 관계에서 용서 삶의 의미 감사 희망의 매개효과>. ≪상담학연구≫, 13(4)

최용(1993). <생명존중의 동화적 패러다임 : 인간다움의 상실 그 회복>, ≪아동문학평론≫, 18(1), 36-41.

최웅용, 김춘경, 이수연(2005). <인지행동집단상담 프로그램이 대학생의 자살 및 우울에 미치는 효과>. ≪상담학연구≫, 6(1), 75-91.

한국죽음학회(2011). ≪한국인의 웰-다잉 가이드라인≫. 서울: 대화문화아카데미.

EBS(2012). 최성애 감수, ≪10대 성장 보고서≫. 서울: 동양북스.

EBS교육방송(2013). ≪10대 자살에 관한 보고서≫. 서울: EBS 한국교육방송국.

통계청 http://kostat.go.kr/

(사)한국자살예방협회 http://www.suicideprevention.or.kr/

Alfons, D.(1994). 死とどう向き合うか. 東京: NHK. 오진탁역(2002). ≪죽음을 어떻게 맞이할 것인가≫. 서울: 궁리.

Alfons, D.(2001). 生と死の 教育. 東京: 岩波書店. 전성곤 역(2008). ≪인문학으로서의 죽음교육≫. 서울: 인간사랑.

Ayyash-Abdo, H.(2002). "Adolescent suicide: An ecological approach". *Psychology in the Schools*. 39(4), 459-475.

Baron, R. A., Byrne, D.(1994). *Social psychology: Understanding human interaction(7th ed)*. Boston: Allyn & Bacon.

Barrios, L. C., Everett, S. A., Simon, T. R., & Brenner, N. D. (2000). "Suicide ideation among college students: Associations with other injury risk behavior". *Journal of American College Health*, 48(1), 229-233.

Berkowitz, L.(1993). *Aggresson: Its causes, consequences, and control*. New York: Academic Press.

Coie, J. D., Dodge, A., Terry, R., & Wright, V.(1991). "The role of aggression in peer relations: An analysis of aggression episodes in boy's play groups". *Child Development*, 62, 812-826.

Loeber, R.(1990). "Development and risk factors of juvenile antisocial behavior and delinquency". *Clinical psychology review*, 10(1), 1-41.

Patterson, G. R., Reid J. B., & Dishion, T. J.(1992). *Antisocial boys, Eugene*. OR: Castalia.

Reinherz, H. J., Tanner, J. L., Berger, S. R., Beardslee, W. R., & Ritsmaurice, G. M.(2006). "Adolescent suicidal ideation as predictive of psychopathology, suicidal behavior, and compromised functioning at age 30". *American Journal of Psychiatry*, 163(1), 1226-1232.

Shneidman, E. S.(1987). "At the point of no return". *Psychology Today*, March, 55-58.

배정순

경북대학교 문학치료학 박사
현)경북대학교 인문카운슬링융합전공 외래교수
현)한국청소년상담학회 수련감독
현)한국청소년상담학회 국가정책개발위원장
전)경북대학교 인문카운슬링융합전공 초빙교수
전)대구교육대학교 외래교수

lifenhealing@naver.com

생명존중
문학치료 프로그램의
개발과 적용

초판인쇄 2020년 10월 1일
초판발행 2020년 10월 1일

지은이 배정순
펴낸이 채종준
펴낸곳 한국학술정보㈜
주소 경기도 파주시 회동길 230(문발동)
전화 031) 908-3181(대표)
팩스 031) 908-3189
홈페이지 http://ebook.kstudy.com
전자우편 출판사업부 publish@kstudy.com
등록 제일산-115호(2000. 6. 19)

ISBN 979-11-6603-184-7 93330